माध्यमिक कम्प्यूटर शिक्षा

यह श्रृंखला

प्रारम्भिक कम्प्यूटर शिक्षा भाग-1
प्रारम्भिक कम्प्यूटर शिक्षा भाग-2
प्रारम्भिक कम्प्यूटर शिक्षा भाग-3
माध्यमिक कम्प्यूटर शिक्षा
कम्प्यूटर सामान्य ज्ञान एवं यूज़र गाइड

लेखक की अन्य कम्प्यूटर विषयक पुस्तकें

कम्प्यूटर परिचारण तत्त्व
बेसिक प्रोग्रामिंग
कम्प्यूटर क्या, क्यों और कैसे ?
Digital Logic and Microcomputer Technology
Information Systems - Analysis and Design

वाणी प्रकाशन

नयी दिल्ली-110002

माध्यमिक कम्प्यूटर शिक्षा

राम बन्सल 'विज्ञाचार्य'
बी.एस-सी., बी.ई. रुड़की
परामर्शी अभियन्ता

वाणी प्रकाशन

ISBN : 81-88473-61-8

वाणी प्रकाशन
21-ए, दरियागंज, नयी दिल्ली-110002
द्वारा प्रकाशित

फोन : 0091#11#23273167, 23275710
फैक्स : 0091#11#23275710
ई-मेल : vaniprakashan@gmail.com
vani_prakashan@yahoo.com
प्रथम संस्करण : 2000
द्वितीय संस्करण : 2011 मूल्य : 125.00

आवरण सज्जा : वाणी प्रकाशन
लक्ष्मी ऑफसेट, शाहदरा दिल्ली-110032
द्वारा मुद्रित

MADHYAMIK COMPUTER SHIKSHA
by Ram Bansal 'Vigyacharya'

अध्यापकों एवं क्षात्र-अभिभावकों के प्रति

प्रिय सज्जनो,

कम्प्यूटर उपयोग के दो पक्ष सर्वविदित हैं – प्रथम, मनुष्यों की आजीविका-हनन, तथा द्वितीय, मानव बुद्धि एवं कर्म का कुशाग्रण। इन दोनों पक्षों में से कौन सा किस व्यक्ति अथवा समाज पर लागू होता है, यह व्यक्ति अथवा समाज के कम्प्यूटर विषयक ज्ञान पर निर्भर करता है। जिन्हें यह ज्ञान है, वे कम्प्यूटरों के अधिपति हैं तथा इनसे सम्बल प्राप्त करते हैं। जो इस ज्ञान से वंचित हैं, वे कम्प्यूटरों से त्रस्त हैं।

कम्प्यूटरों का विकास पाश्चात्य देशों में होने के कारण बहुल भारतीय इन्हें विदेशी तत्त्व मानकर इनसे अछूते बने हुए हैं। इसका प्रबल कारण भारतीय भाषाओं में कम्प्यूटर विषयक पुस्तकों का अभाव है। विद्यालयी शिक्षा में कम्प्यूटरी पाठ्यक्रमों का अपनाया जाना भी अँग्रेजी माध्यम विद्यालयों तक ही सीमित है। इसका कारण भी हिन्दी तथा अन्य भारतीय भाषाओं में कम्प्यूटर विषयक पुस्तकों का अभाव ही है।

कम्प्यूटर विज्ञान तथा विद्या एक अति वृहत् विषय है। अत: इनका क्रमगत अध्ययन एवं अध्यापन ही संभव है। भारत को विश्व समुदाय में अपना स्थान बनाने हेतु अपने प्रत्येक छात्र-छात्रा को कम्प्यूटरों के क्रमगत अध्यापन की व्यवस्था करना अपरिहार्य है, किन्तु अभी तक इस दिशा में कोई प्रयास नहीं हुए हैं।

नवाचार सदैव से साहसी व्यक्तियों हेतु आरक्षित क्षेत्र रहा है। जब वाणी प्रकाशन ने हिन्दी में कम्प्यूटर शिक्षा विषयक पुस्तकों के नवाचार का बीड़ा उठाया और इसमें मेरा सहयोग चाहा तो मेरा एक सपना मूर्त रूप लेने लगा। परिणामस्वरूप, कम्प्यूटरी शिक्षा के उच्च माध्यमिक स्तर पर्यन्त प्रथम पाँच चरणों की रूपरेखा तैयार हुई जिसमें कम्प्यूटरी ज्ञान केवे सभी अंग समाहित किये गये जो नवशिक्षु को कम्प्यूटरों के अधिपति होने की ओर अग्रसरित कर सके। श्रृंखला का प्रकल्प क्षात्रों के बौद्धिक स्तर एवं शिक्षा सत्रों में उपलब्ध समय के अनुसार किया गया है जिसका अन्तिम चरण केन्द्रीय माध्यमिक शिक्षा मण्डल के उच्च-माध्यमिक कम्प्यूटरी पाठ्यक्रम से कुछ उच्चीकृत है।

पूर्ण निष्ठायुक्त प्रयासों द्वारा निर्मित इस अभियोजना में विद्वान अध्यापकों एवं अभिभावकों के संशोधनपरक सुझाव सदैव स्वागतेय होंगे।

भवदीय

विज्ञाचार्य

नव सहस्राब्दी प्रतीक्षा पल

शिविर अलवर

क्षात्रों के प्रति

प्रिय कुसुमो,

पाश्चात्य संस्कृति से प्रदूषित एवं अभी तक मैकाले के मानसपुत्रों द्वारा प्रशासित इस भारतभूमि पर तुमने अपनी शिक्षा हेतु हिन्दी माध्यम को अपनाकर अपना, हिन्दी का, और इस राष्ट्र का गौरव बढ़ाया है। तुम्हें हिन्दी में ही समस्त विषयों की पुस्तकें प्राप्त करने का अधिकार है। इसके लिये हमारी पीढ़ी अपराधी है कि इसने तुम्हारे इस देय की समुचित व्यवस्था नहीं की।

हिन्दी भाषा में कम्प्यूटरी शिक्षा के अनिवार्य अंगों की यह प्रथम पुस्तकमाला तुम्हें समर्पित है। इसमें तुम्हें क्या कमियाँ प्रतीत हुईं, तुम्हारे सरल शब्दों के माध्यम से यह जानने को मैं सदैव उत्सुक रहूँगा।

हिन्दी भाषा अँग्रेजी की तुलना में अधिक सशक्त एवं सक्षम भाषा है - यह विश्वास रखो, और कदम-दर-कदम आगे बढ़ते जाओ।

शुभकामनाओं सहित,

तुम्हारा ही
विज्ञाचार्य

ॐ

अयं मे हस्तो भगवानयम् मे भगवत्तर: ।
अयं मे विश्वभेषजोअयं शिवाभिमर्शन: ॥

अध्ययन क्रम

अँग्रेजी-हिन्दी शब्द समतुल्य 11

हिन्दी-अँग्रेजी शब्द समतुल्य 14

1 भूमिका 18

2 स्विचिंग लॉजिक 23

3 कम्प्यूटर तन्त्र के उपयोग 29

4 तन्त्र कनफिगरेशन 35

5 डेटा संरचना 41

6 प्रोग्रामिंग - फॉक्सप्रो 48

7 कम्प्यूटर और हिन्दी 61

कम्प्यूटरी संक्षेप-विस्तार 63

विषय अनुक्रमिका 69

अँग्रेज़ी-हिन्दी शब्द समतुल्य

English	हिन्दी
Accounting	संगणना
Adapter card	अनुकूलित्र पत्रक
Analog	अनुशस्त
Analysis	अन्वे षण
AND logic	तथा शास्त
Appliance	उपादान
Application	उपादयन
Area	आक्षेत्र
Arithmetic logic unit	अंकगणित तर्क इकाई
Assembler program	संयोजक क्रमशय
Assembly language	संयोजन भाषा
Backspace	पश्चरिक्ति
Basic	आधारभूत
Batch	समूह
Binary	द्विअंकी
Bit	द्विंक
Block	गुट
Board	पटल
Book-keeping	लेखांकन
Booting	प्रवर्तन
Buffer	द्वार
Bus	संयुज्जी
Business	व्यवसाय
Byte	अंकाष्ट
Cache memory	मध्यमा स्मृति
Calculation	अनुकलन
Capital letters	ओद्य अक्षर
Card	पत्रक
Case	कथा
Catalog	सारणी
Central	केन्द्रीय
Character	चरित
ClearScreen	स्वच्छ प्रदर्श
Command	अधिदेश
Compact	रांपुट
Compilation	सविचयन
Compiler program	सविचयी क्रमशय
Complementary	सम्पूरक
Computer	सम्पादयित्र
Configuration	अनुरूपण
Connector	सम्बन्धक
Contrast	संभेद
Control	संयमन
Conventional memory	सम्मत्य स्मृति
Counting	गणना
Counter	गणित्र
Data	आधर
Decision block	निर्णय गुट
Delay	विपश्च
Delete key	मिटाव कुंजी
Delimiter	विमर्यादक
Design	अभिकेतन
Device	उपचय
Dialog box	संवाद आयत
Digital	अंकीय
Directory	निदेशिका
Disk	चकती
Display	अभ्याक्ष
Drive	संचाली
Dropdown menu	अधोस्थित विकल्पसूची
Echo	प्रतिध्वनि
Edit	ईक्षायन
Editor program	ईक्षायित्र क्रमशय
End key	इतिस्थल कुंजी
Enhanced	उच्चीकृत
Enter	प्रवेश

Entry	प्रविष्टि
Environment	पर्यावरण
Escape key	क्रियात्याग कुंजी
Expanded	विस्तारित
Expansion slot	विस्तार खंच
Expression	व्यक्तव
Extended	अभिनित
External	बाह्य
Field	क्षेत्र
File	संचिका
Filename	संचिकानाम
File Extension	संचिका उपनाम
Finish	समापन
Fixed	स्थायी
Floppy	अपनेयी
Flowchart	प्रवाहतूलचित्र
Format	अभिरूपण
Function	कर्त्यन
Gate	कपाट
Hard Disk Drive	स्थायी चकती संचाल
Hardware	यथावस्तु
Help	सहायता
Hexadecimal	षष्ठदशांकी
High-level language	उच्च-स्तरीय भाषा
High memory area	उच्च स्मृति क्षेत्र
Home key	प्रास्थल कुंजी
Input	अंतर्गतन
Insert	मध्यस्थापन
Installation	संस्थापन
Instruction	विनिदेश
Intelligent	बुद्धिमान
Interface	अन्तरप्राक्ष
Internal	आंतरिक
Interpretter	व्याख्याता
Invert	व्युत्क्रम
Inverter	व्युत्क्रमित्र
Iteration	आवर्तन
Key	कुंजी

Keyboard	कुंजीपटल
Keypress	कुंजीउपयोग
Keystroke	कुंजीदोल
Language	भापा
List	सूची
Logic	शास्त
Loop	पाश
Magnetic	चुंबकीय
Management	सांगोपादयन
Manager	सांगोपादक
Manufacturing	सांगोत्पादयन
Math. expression	गणितीय व्यक्तव
Memory	स्मृति
Menu	विकल्पसूची
Microelectronics	सूक्ष्मवैद्युत्यिकी
Modifier	संशोधक
Monitor	प्रेक्षक
Motherboard	मातृपटल
NAND	नातथा शास्त
NOR	नाथवा शास्त
Numeric keypad	सांख्यिक कुंजीपट
Object program	अभिलक्ष्य क्रमशय
Operand	परिचार्य
Operation	परिचारण
Operator	परिचारक
OR logic	अथवा शास्त
Output	बहिर्गतन
Page Down key	पूर्वपृष्ठ कुंजी
Page Up key	उत्तरपृष्ठ कुंजी
Path	पथ
Pause key	विराम कुंजी
Personal	वैयक्ती
Popup menu	उपरिस्थित विकल्पसूची
Port	तोरण
Print	मुद्रण
Printer	मुद्रक
Procedure	संविधि

Process	संक्रिया	Structure	संरचना
Processing	संस्कारण	Structured program	संरचित क्रमशय
Processor	संस्कारक	Subdirectory	उपनिदेशिका
Production	उत्पादन	Subprogram	उपक्रमशय
Program	क्रमशय	Subsystem	उपतन्त्र
Programmable	क्रमशेय	Supply	प्रदाय
Programmed	क्रमशयित	Switch	संवर्त
Programming	क्रमशयन	Symbol	संकेत
Prompt	उद्योत	System	तन्त्र, प्रणाली, पद्यति
Radix	मूलांक	Tab key	कुदान कुंजी
Read-Only memory	मात्र-पठन स्मृति	Table	तालिका
Record	आसार	Temporary	तात्कालिक
Remark	टिप्पणी	Text	पाठ्य
Report	प्रतिपत्ति	Toggle key	द्विदिशी कुंजी
Resetting	पुनस्स्थायन	Tree	वृक्ष
Resolution	संघटन	Truth Table	सत्य तालिका
Retrieval	पुनराकृतन	Typing	टंकण
Root	मूल	Unit	एकक, इकाई
Saving	सुरक्षण	Upper memory block	उपरि स्मृति गुट
Scan	अन्वीक्षा	User	उपयोक्ता
ScrollLock key	सरकननिपिद्ध कुंजी	Variable	चर
Secondary	द्वितीयक	Video	दृष्य
Self-test	स्वपरीक्षण	Virus	दुष्कूट
Sequenced	क्रमित	Volatile memory	वाष्पेय स्मृति
Set	समष्टि	Wizard	करामाती
Setup	स्थायन	Word	शब्द
Sign	प्रतिचिन्ह	World	जगत
Shift	अंतरण		
Signal	संकेत		
Slot	खंच		
Small letters	उद्य अक्षर		
Software	परावस्तु		
Source program	स्रोत क्रमशय		
Spacebar	रिक्तिपट्टिका		
Stack	चट्टा		
Statement	कथन		
Standard	अभीष्ट		
Storage	संगृहण		

हिन्दी–अँग्रेज़ी शब्द समतुल्य

हिन्दी	English
अंकीय	Digital
अंकगणितीय प्रतिचिन्ह	Arithmetic sign
अथवा	OR
अधोस्थित विकल्पसूची	Dropdown menu
अन्तर्गतन	Input
अन्तर्गतन युक्ति	Input Device
अन्तरण कुंजी	Shift Key
अन्तरप्राक्ष	Interface
अन्वेषण	Analysis
अनुकलन	Calculation
अनुकूलक पत्रक	Adapter card
अनुरूपण	Configuration
अपनेयी चकती	Floppy Disk
अभ्याक्ष	Display
अभिक्तन	Design
अभिलक्ष्य क्रमशय	Object program
अभिरूपण	Formatting
अभीष्ट	Standard
अधिदेश	Command
अक्षर	Data
आधर	Data
आधारभूत	Basic
आन्तरिक अधिदेश	Internal Command
आक्षेत्र	Area
इतिस्थल कुंजी	End key
ईक्षायण	Editing
उच्च स्मृति क्षेत्र	High memory area
उच्चस्तरीय भाषा	High level language
उत्तरपृष्ठ कुंजी	PageDown key
उत्पादन	Production
उद्योत	Prompt
उपक्रमशय	Subprogram
उपचय	Device
उपतन्त्र	Subsystem
उपनिदेशिका	Subdirectory
उपयोक्ता प्रोग्राम	User Program
उपरिस्थित विकल्पसूची	Popup menu
उपरि स्मृति गुट	Upper memory block
उपलब्धि	Availability
उपादयन क्रमशय	Application program
उपादान	Appliance
ओद्यक कुंजी	Capslock Key
क्रमशय	Program
क्रमशयन	Programming
क्रमशयित	Programmed
क्रमशायक	Programmer
क्रमशेय	Programmable
क्रमित	Sequenced
क्रियात्याग कुंजी	Escape key
कथा	Case
कपाट	Gate
कर्त्यन	Function
करामाती	Wizard
कसौटी	Condition
कक्षा	Category
सारिणी	Catalog
कुदान कुंजी	Tab key
कुंजीदोल	Keystroke
कुंजीउपयोग	Keypress
कुंजीपटल	Keyboard
केन्द्रीय संस्कारक एकक	Central Processing Unit
गणन	Counting
गणित्र	Counter

चकती	Disk	परिचार्य	Operand
चट्टा	Stack	परिचारक	Operator
चर	Variable	परिचारण	Operation
चरित	Character	परिचारण प्रणाली	Operating System
चुम्बकीय चकतियाँ	Magnetic disks	पश्चरिक्ति	Backspace
जगत	World	पाठ्य	Text
टंकण कुंजियाँ	Typing Keys	पाश	Loop
टिप्पणी	Remark	पुनराकृतन	Retrieval
तथा	AND	पुनरावर्तन गुट	Reiteration block
तन्त्रीय प्रोग्राम	System Program	पुनस्स्थायन	Reset
तालिका	Table	पूर्वपृष्ठ कुंजी	PageUp key
तोरण	Port	पेटिका	Casing
दृष्ट्य	Video	बहिर्गतन	Output
द्वार	Buffer	बाह्य अधिदेश	External Command
द्विअंकी पद्यति	Binary System	बुद्धिमान यन्त्र	Intelligent Machine
द्वितीयक संगृहण स्मृति	Secondary storage memory	भाषा	Language
		मध्यमा स्मृति	Cache memory
द्विदिशी क्रिया कुंजी	Toggle key	मध्यस्थापन कुंजी	Insert key
दुष्कूट	Virus	मात्र-पठन स्मृति	Read-Only memory
नातथा	NAND	मातृपटल	Motherboard
नाथवा	NOR	मिटाव कुंजी	Delete key
निर्णय गुट	Decision block	मुद्रक	Printer
निदेशिका	Directory	मुद्रण	Print
प्रतिध्वनि	Echo	मूल निदेशिका	Root Directory
प्रतिपत्ति	Report	मूलांक	Radix
आसार	Record	यथावस्तु	Hardware
प्रतीक	Signal	रिक्ति पट्टिका	Spacebar
प्रदर्श	Screen	लेखांकन	Book-keeping
प्रवंतन	Booting	व्यक्तव	Expression
प्रवाहतूलचित्र	Flowchart	व्यवसाय	Business
प्रविष्टि	Entry	व्याख्या	Interpretation
प्रवेश	Enter	व्याख्याता क्रमशय	Interpretter program
प्रारूप	Proforma	व्यालम्बित स्मृति	Extended memory
प्रास्थल कुंजी	Home key	वृक्ष	Tree
प्रेक्षक	Monitor	वर्ण	Letter
पथ	Path	वाष्पेय स्मृति	Volatile memory
पर्यावरण	Environment	विकल्पसूची	Menu
परावस्तु	Software	विनिदेश	Instruction

विमर्यादक	Delimiter
विवर्त	Reverse
विराम	Pause
विस्तार खंच	Expansion slot
विस्तारित स्मृति	Expanded memory
वैयक्ती कम्प्यूटर	Personal Computer
शब्द	Word
शब्दकोश	Dictionary
षष्ठदशांकी	Hexadecimal
स्थायी चकती संचाली	Fixed Disk Drive
स्रोत क्रमशय	Source program
स्वपरीक्षण	Self test
संक्रिया	Process
संगृहण	Storage
संगणना	Accounting
संघटन	Resolution
संचालक	Driver
संचाली	Drive
संचिका	File
संचिका उपनाम	File Extension
संचिकानाम	Filename
संविष्ट चकती	Compact disk
संभेद	Contrast
संमत्य स्मृति	Conventional memory
संयमक पटल	Control panel
संयमन	Control
संयुज्जी	Bus
संयोजक क्रमशय	Assembler program
संयोजी भाषा	Assembly language
संरचना	Structure
संरचित क्रमशय	Structured program
संवर्त	Switch
संवाद आयत	Dialog box
संविचयक	Compiler
संविचयन	Compilation
संविधि	Procedure
संशोधक	Modifier
संस्कारक	Processor
संस्कारण	Processing
सत्यतालिका	Truth Table
सम्पादयित्र	Computer
सम्पूरक	Complementary
समष्टि	Set
समापन	Finish
समूह	Batch
सरकननिषिद्ध कुंजी	ScrollLock key
सहायता	Help
सांख्यिक कुंजीपट	Numeric keypad
सांगोत्पादन	Manufacturing
सांगोपादक	Manager
सांगोपादयन	Management
साधारण द्विअंकी पद्यति	Plain binary System
सारिणी	Catalog
सुरक्षण	Saving
सुरक्षा	Safety
सूचना	Information
सूची	List
सूक्ष्मकम्प्यूटर	Microcomputer
सूक्ष्मसंस्कारक	Microprocessor
सूक्ष्मवैद्युत्यिकी	Microelectronics
क्षेत्र	Field

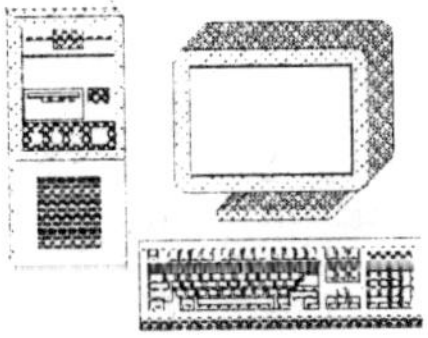

1

भूमिका

कम्प्यूटर द्रव्यात्मक **हार्डवेयर** तथा सूचनात्मक **सॉफ्टवेयर** का सामंजस्य है। सूचना अन्तर्गतन युक्ति, सूचना बहिर्गतन युक्ति तथा सूचना संस्कारण इकाई इसके प्रमुख हार्डवेयर अंग हैं। कम्प्यूटर से कोई भी सार्थक कार्य लेने हेतु इसे एक **परिचारण प्रणाली** तथा एक **उपादयन प्रोग्राम** प्रदान करना आवश्यक होता है।

कम्प्यूटर के अन्तर्गत सभी सूचनाएँ बाइनरी प्रतीकों के रूप में प्रवाहित होती हैं। **बाइनरी प्रतीक** केवल दो होते हैं - शून्य तथा एक। ये प्रतीक विद्युत धारा प्रवाह के दो स्तरों से अभिहित किये जाते हैं। इस प्रकार सभी प्रकार की सूचनाएँ केवल दो अंकों - शून्य तथा एक - के माध्यम से ही प्रतिकेतिक की जाती हैं। सूचना संस्कारण के लिये कम्प्यूटर इन्ही दो अंकों की श्रृंखलाओं को संस्कारित करता है जो विशुद्ध गणितीय संक्रियाएँ हैं। अत: कार्य चाहे जैसा भी हो, कम्प्यूटर मूलत: **गणितीय अनुकलन** ही करता है।

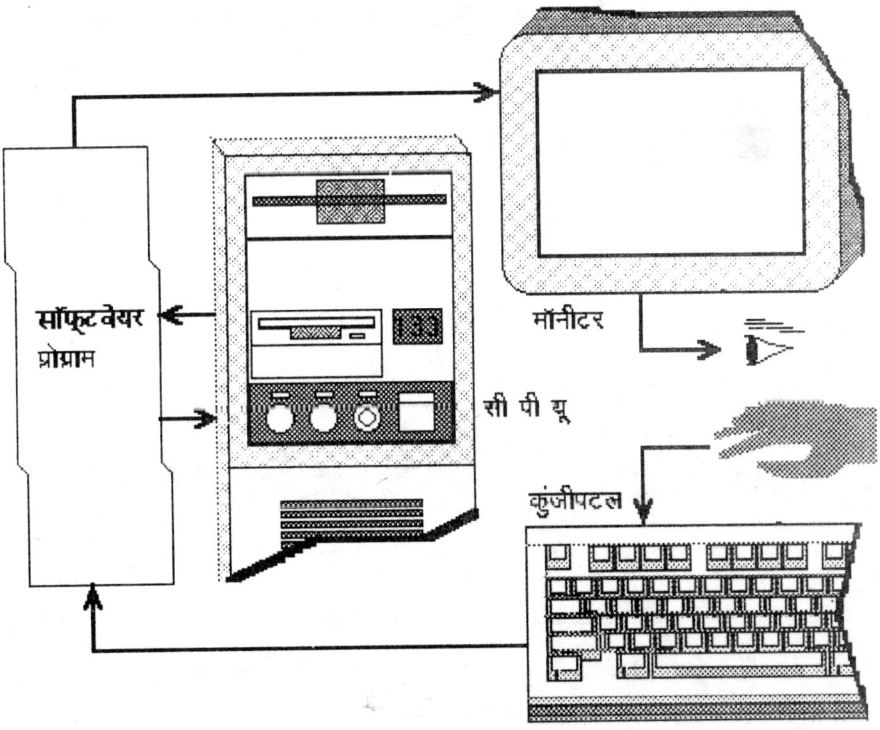

कम्प्यूटर उसको दिये गये प्रोग्रामों से दिशानिर्देश प्राप्त करके परिचारक के अधिदेशों का अनुपालन करता है। प्रत्येक कम्प्यूटर तन्त्र में एक प्रोग्राम इसके हार्डवेयर को व्यवस्थित करके इसे सक्रिय तथा उपयोगी बनाता है। इस तन्त्रीय प्रोग्राम को कम्प्यूटर की **परिचारण प्रणाली** कहा जाता है। इस प्रोग्राम की एक संचिका, जिसे **कमाण्ड प्रोसैसर** कहा जाता है, अनेक अधिदेशों का संगम होती है। कम्प्यूटर परिचारण के अतिरिक्त भी इस प्रोग्राम के अनेक उपयोग हैं जो इसमें सन्निहित अन्य प्रोग्राम संचिकाओं के उपादयन से संपन्न किये जाते हैं। इन उपयोगों में कम्प्यूटर संचिका संबन्धी सेवाएँ, चकती संबन्धी सेवाएँ, तथा कम्प्यूटर स्मृति प्रबन्धन सेवाएँ प्रमुख हैं।

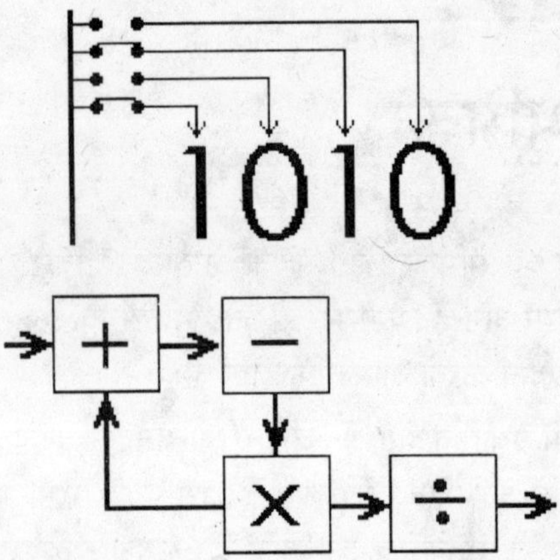

कम्प्यूटर के प्रत्येक उपयोग में हार्डवेयर से संपर्क केवल परिचारण प्रणाली प्रोग्राम ही करता है। अत: यह प्रोग्राम कम्प्यूटर तन्त्र उपयोगों को महत्त्वपूर्ण भूमिका प्रदान करता है, जैसा कि पार्श्व चित्र में दर्शाया गया है। एम एस डॉस तथा विण्डोज के आधुनिक स्वरूप बहुप्रचलित परिचारण प्रणालियाँ हैं। एम एस डॉस मूलत: परिचारण प्रणाली के रूप में ही विकसित किया गया था, किन्तु विण्डोज मूलत: एक माध्यमिक प्रोग्राम था जिसके वर्तमान संस्करण - विण्डोज-एन टी, विण्डोज-95, तथा विण्डोज-98 - परिचारण प्रणालियाँ हैं। एम एस डॉस का अध्ययन आप पहले ही कर चुके हैं।

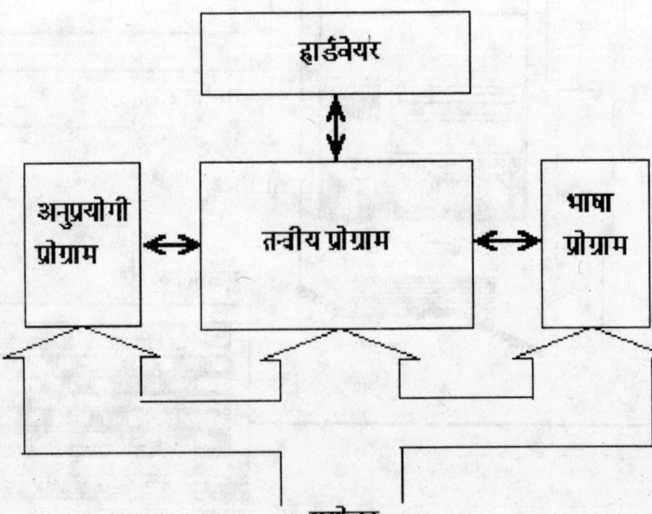

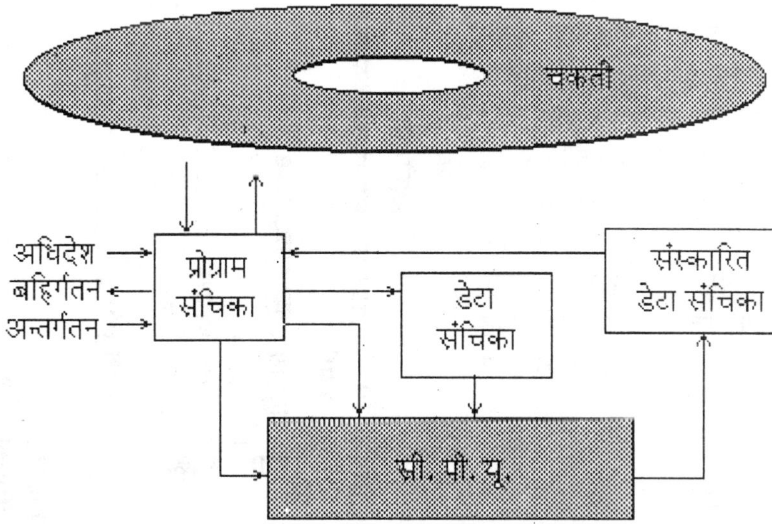

कम्प्यूटर की कार्यप्रणाली को ऊपर के चित्र में दर्शाया गया है। कम्प्यूटर में सूचनाएँ चुम्बकीय चकतियों पर संगृहित रहती हैं जिन्हें परिचारक के अधिदेश पर प्रोग्राम प्राप्त कर सकता है, संस्कारण हेतु सी.पी.यू. को प्रेषित कर सकता है, तथा किसी बहिर्गतन युक्ति को भेज सकता है।

कम्प्यूटर उपयोग के लिये विशिष्ट कार्यक्षेत्रों के लिये मानक उपादयन प्रोग्राम उपलब्ध हैं जिनके माध्यम से कम्प्यूटरों ने अपने उपयोगों की प्रारंभ में नियत संगणनाओं की सीमा लाँघकर मानव जीवन के प्रत्येक पक्ष को प्रभावित किया है। इनके उपयोग का इतना विस्तार हुआ है कि कम्प्यूटर मानवों के सच्चे अनुचर सिद्ध हुए हैं अत: इन्हें **अनुकर** शब्द से नामित करना भी उचित होगा। ये उपादयन प्रोग्राम पुस्तक प्रकाशन, आधर संस्कारण, पुस्तकालय प्रबन्धन, लेखाकार्य, चित्रकला, आदि अनेक सामान्य एवं विशिष्ट कार्यों हेतु उपलब्ध हैं। इनके उपादयन के लिये परिचारक को कम्प्यूटर की कार्यप्रणाली के विशेषज्ञ होने की आवश्यकता नहीं होती।

जिन अतिविशिष्ट कार्यों के लिये उपादयन प्रोग्राम अनावश्यक रूप से विशालकाय प्रतीत होते हैं, अथवा समुपयुक्त प्रतीत नहीं होते, उनके लिये उपयोक्ता अपने आप अथवा इस क्षेत्र के पारंगत व्यक्तियों की सहायता से कम्प्यूटर प्रोग्राम बना सकता है। इस प्रकार के प्रोग्रामों को उपयोक्ता प्रोग्राम तथा प्रोग्राम के रचयिता को प्रोग्रामर कहा जाता है।

सभी उपादयन प्रोग्राम तथा उपयोक्ता प्रोग्राम एक विशेष प्रकार के कम्प्यूटर प्रोग्रामों के माध्यम से तैयार किये जाते हैं जिन्हें कम्प्यूटर **भाषा प्रोग्राम** कहा जाता है। प्रोग्रामों के उद्देश्यों के अनुसार, एवं प्रोग्रामरों की सुविधानुसार अनेक प्रकार की कम्प्यूटरी भाषाएँ तथा इनके प्रोग्राम विकसित किये गये हैं। भाषाओं का वर्गीकरण इनके विकासीय इतिहास के अनुसार प्रथम, द्वितीय, तृतीय, तथा चतुर्थ पीढ़ियों में किया गया है। प्रत्येक उत्तरविकसित भाषा पूर्ववर्ती भाषा की तुलना में प्रोग्रामर को अधिक सुविधा प्रदान करती है, अत: प्रोग्रामिंग में सरल होती है। इसके फलस्वरूप भाषा की उपादेयता अधिक उद्देश्यपरक हो जाती है जिससे विभिन्न उद्देश्यों के लिये प्रथक भाषाओं के विकास की आवश्यकता हुई है। इसे पार्श्व में दिये गये चित्र में स्पष्ट किया गया है।

भाषा उपयोग में सरलता उत्पन्न करने के लिये भाषा प्रोग्राम जटिल हो जाता है, अर्थात भाषा प्रोग्राम प्रोग्रामर के अनेक दायित्त्वों को अपने ऊपर ले लेता है। प्रोग्रामर के प्रोग्राम का एक शब्द जहाँ प्रथम पीढ़ी की भाषा में कम्प्यूटर के लिये केवल एक क्रिया हेतु विनिदेश प्रदान करता है, वहीं चतुर्थ पीढ़ी की भाषा का एक शब्द कम्प्यूटर के लिये क्रियाओं की एक लम्बी श्रृंखला के अधिदेश प्रदान करता है। भाषा प्रोग्राम मूलतः प्रोग्राम के प्रत्येक अधिदेश को उसमें अन्तर्निहित विनिदेशों में विखण्डित करने का कार्य करते हैं।

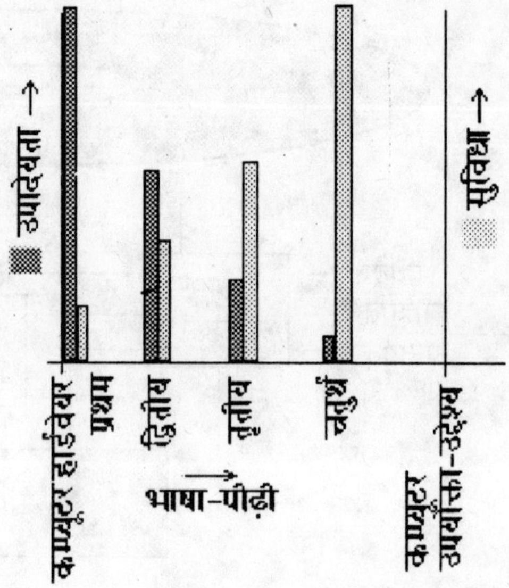

प्रश्नमाला :

निम्नलिखित में रिक्त स्थान भरिये –

कम्प्यूटर चकतियों पर सूचनाओं को अंकित करने के लिये किसी __________ अथवा __________ **प्रोग्राम** का आश्रय लेना होता है।

सूचना की प्रविष्टि करते समय सूचना कम्प्यूटर की मुख्य स्मृति रैम पर अंकित होती जाती है जहाँ यह सुरक्षित नहीं होती। __________ अधिदेश इन सूचनाओं को मुख्य स्मृति से प्राप्त करके चकती पर निर्धारित __________ के नाम से संगृहित कर देता है। बाद में आवश्यकता होने पर __________ के नाम का उपयोग करके सूचना को प्राप्त किया जा सकता है।

अन्तर्गतन युक्ति के रूप में __________ कम्प्यूटर की सर्वाधिक प्रचलित युक्ति है जिसको अधिकाधिक उपयोगी बनाने के लिये इसमें अनेकानेक विशेष कुंजियों के प्रावधान किये गये हैं। क्षण प्रतिक्षण कम्प्यूटर की गतिविधियों को दृष्टिगत रखने के लिये __________ का उपयोग किया जाता है। जिसका सबसे अधिक विशिष्ट गुण __________ होता है।

कम्प्यूटर द्वारा केवल __________ भाषा समझी जा सकने के कारण सभी प्रोग्राम या तो इसी भाषा मे बनाये जाते हैं अथवा ऐसे प्रोग्रामों द्वारा बनाये जाते हैं जो साधारण भाषा में लिखे प्रोग्राम को इस भाषा में संपरिवर्तित कर देते हैं। इन प्रोग्रामों को __________ **प्रोग्राम** कहते हैं।

सामान्य भाषा में कम्प्यूटर __________ इसके अधिदेशों की क्रमबद्ध सूची होती है जिन्हें कम्प्यूटर एक एक करके क्रियान्वित करता है। इस प्रकार डॉस के अनकानेक अधिदेशों का उपयोग करके भी प्रोग्रामों का निर्माण किया जा सकता है जिन्हें __________ **प्रोग्राम** कहते हैं। प्रोग्राम तैयार करने का यह सरलतम उपाय है, इस संक्रिया में डॉस को प्रोग्रामिंग की भाषा कहा जा सकता है। इस प्रकार के प्रोग्रामों के निर्माण के लिये डॉस में एक विशेष प्रोग्राम है जिसे __________ कहा जाता है।

प्रोग्राम तैयार करना एक विशेषज्ञ का कार्य है अधिकतर कम्प्यूटर उपयोक्ता विशेषज्ञ नहीं है, इनके लिये अनेक जन उपयोगी प्रोग्राम व्यावसायिक रूप से उपलब्ध हैं जिन्हें ________________ प्रोग्राम कहते हैं जिनमें से प्रत्येक का एक विशेष कार्य क्षेत्र होता है। लगभग प्रत्यके मानवीय कार्यक्षेत्र के लिये अनेकानेक ________________ **प्रोग्राम** उपलब्ध हैं। कम्प्यूटरों के अधिकांश उपयोक्ता इन्हीं उपादयन प्रोग्रामों के उपयोग से अपने लक्ष्यों को प्राप्त करते हैं।

2

स्विचिंग लॉजिक - संवर्तन शास्त

हम जानते हैं कि कम्प्यूटर केवल दो अंको के माध्यम से अपने सभी कार्य सम्पन्न करते हैं तथा इन दो अंको को विद्युत धारा के दो स्तरों से अभिहित किया जाता है। सरलता के लिये मान लिया जाता है कि इनमें से शून्य अंक विद्युत धारा के शून्य परिमाण से तथा एक अंक विद्युत धारा के किसी अन्य स्थिर मान से प्रकट किया जाता है। कम्प्यूटर अपने संदेश एक स्थान से दूसरे स्थान पर कैसे भेजता है तथा किस प्रकार गणितीय संक्रियाओं से अपने परिणाम निकालता है? इन प्रश्नों की चर्चा इस पाठ में की जा रही है।

इन्हें स्पष्ट करने के लिये हम कम्प्यूटर को अनेक अन्वयों से निर्मित मान सकते हैं। प्रत्येक ऐसे अन्वय को एक कम्प्यूटर माना जा सकता है। इसी प्रकार प्रत्येक अन्वय पुन: व्यन्वयित किया जा सकता है। इस प्रकार हम कम्प्यूटर तन्त्र के लघुतम अन्वय पर पँहुचते हैं। इस एकक को एक स्विच-समष्टि से दर्शाया जा सकता है। आध्ययन की सुविधा के लिये इस एकक अन्वय के अन्तर्गतनों को स्विचों के परिचारणों से तथा बहिर्गतनों को एक ज्योति पर प्रभावों से दर्शाया जाता है, जैसा कि दाँये चित्र में दर्शाया गया है।

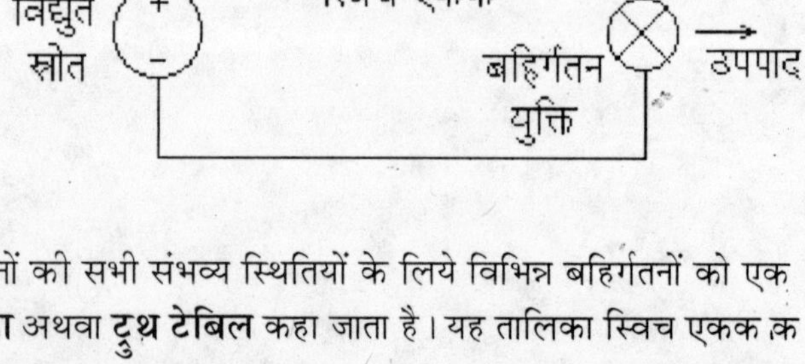

कम्प्यूटर जगत में इस प्रकार की प्रतिनिधि स्विच व्यवस्थाओं को **शास्त कपाट - लॉजिक गेट** - कहा जाता है, जिसमें से अन्तर्गतन प्रवाहित होकर बहिर्गतन बनता है। कम्प्यूटर शास्त कपाटों का ही एक समन्वित रूप है। शास्त कपाटों के अन्तर्गतनों की सभी संभव्य स्थितियों के लिये विभिन्न बहिर्गतनों को एक तालिका में दर्शाया जाता है, जिसे **सत्य-तालिका** अथवा **ट्रुथ टेबिल** कहा जाता है। यह तालिका स्विच एकक क्‍ी निष्पादिता को पूरी तरह परिभाषित करती है।

कम्प्यूटर संरचना में चार अंकुर रूपी शास्त कपाटों की आवश्यकता होती है, जो निम्नांकित हैं -

1. द्वार / बफर

आगे के चित्र में स्विच एकक मात्र एक अथ-पृथ अर्थात ऑन-ऑफस्विच है जो अपनी स्थिति के अनुसार अन्तर्गतन तथा बहिर्गतन में संबन्ध स्थापित करता है। यदि स्विच की अथ अवस्था को अंक 1 से तथा पृथ अवस्था को अंक 0 से दर्शाया जाये, एवं ज्योति के ज्वलन को अंक 1 से तथा बुझन को अंक 0 से दर्शाया जाये, तो परिपथ के अन्तर्गतन तथा बहिर्गतन संबन्धों को साथ में दी गई सत्य-तालिका से दर्शाया जा सकता है।

स्विच के अथ - ऑन करने पर ज्योति ज्वलित होती है तथा पृथ - ऑफ होने पर ज्योति बुझ जाती है। इस व्यवस्था से कम्प्यूटर अन्वय के दो अन्तर्गतन संभव हैं - स्विच के अथ होने पर इसे पृथ किया जा सकता है तथा पृथ होने पर अथ किया जा सकता है। कम्प्यूटर अन्वय इसकी पहचान कर इसकी सूचना ज्योति को बहिर्गतित करता है।

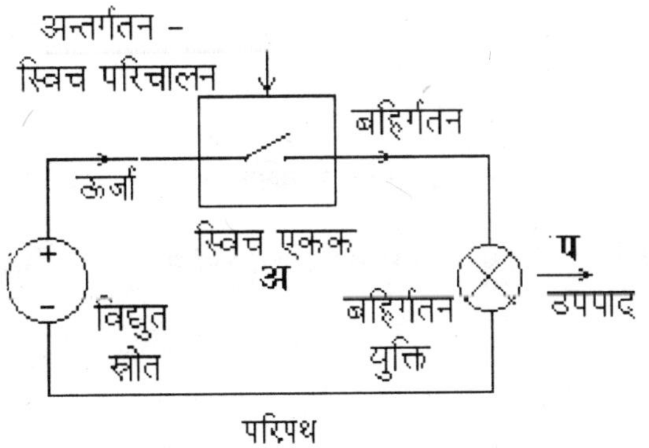

सत्य-तालिका :

स्विच अ	बहिर्गत प
0	0
1	1

इसमें हम पाते हैं कि अर्न्तगतन तथा बहिर्गतन सदैव समान होते हैं अर्थात कम्प्यूटर संदर्श मात्र एक माध्यम का कार्य करता है, संकेत के स्वरूप में कोई परिवर्तन नहीं करता। इस प्रकार की व्यवस्था कों **बफर** अथवा **द्वार** कहा जाता है। इसका गणितीय समीकरण **प = अ** होता है तथा इसे संकेत 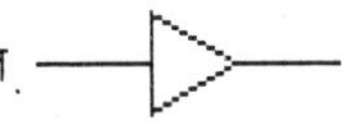 से दर्शाया जाता है।

इसका अर्थ यह नहीं है कि द्वार का कोई महत्त्व नहीं है और इसे एक चालक लग्न से विस्थापित किया जा सकता है। प्रत्येक **शास्त कपाट** अपने शास्तीय कर्म के अतिरिक्त संकेतों को विपश्च भी करता है। अत: समालम्बित संकेतों के लिये यह आवश्यक हो जाता है कि सभी समान रूप से विपश्चित हों। अत: जिन पथों में शास्त दृष्टि से किसी कपाट की आवश्यकता न भी होती हो, विपश्चन दृष्टि से द्वार की आवश्यकता होती है।

2. व्युत्क्रमित्र / इन्वर्टर

उपरोक्त द्वार परिपथ में केवल स्विच की दिशा उलट दी जाये तथा शेष सर्वस्व यथावत रखा जाये तो हमारा परिपथ तथा इसकी सत्य-तालिका के स्वरूप आगे के चित्रानुसार हो जाते हैं। अर्थात स्विच सम्मानत: अथ अवस्था में रहता है, जब इसे एक के अंक से प्रतिकेतित अन्तर्गतन दिया जाता है तो यह पृथ अवस्था में आ जाता है। सत्य तालिका से हम पाते हैं कि अन्तर्गतन तथा बहिर्गतन अब एक दूसरे के उलट हैं। इस कपाट को व्युत्क्रमित्र या इन्वर्टर कहा जाता है।

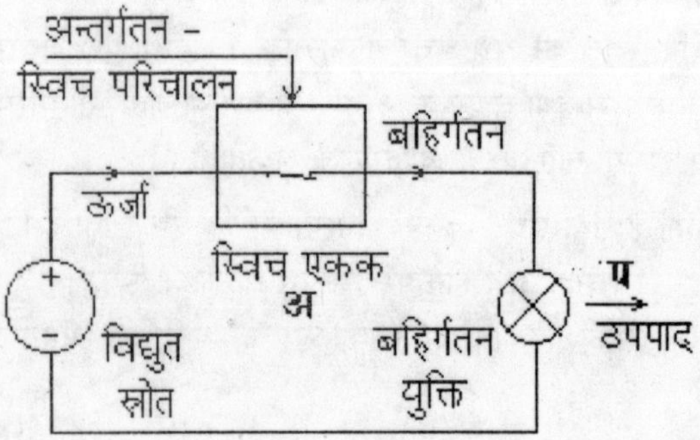

व्युत्क्रमित्र परिपथ

सत्य-तालिका :

स्विच अ	बहिर्गत प
0	1
1	0

इसे समीकरण **प = $\overline{\text{अ}}$** से लिखा जाता है तथा संकेत 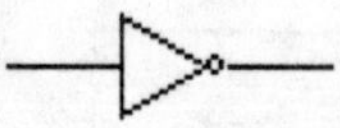 से दर्शाया जाता है।

उपरोक्त दोनों स्थितियों में कपाट का केवल एक अन्तर्गतन है जबकि अधिकतर अवस्थाओं में एक से अधिक अन्तर्गतन होते हैं। आगे वर्णित कुछ कपाट इस प्रकार के हैं।

3. अथवा / और शास्त

पार्श्व के चित्र में एक ज्योति के संयमन हेतु परिपथ में दो स्विच दर्शाये गये हैं जो परस्पर समालम्बित अवस्था में संबंधित हैं। सुविधा के लिये इन दो स्विचों को **अ** तथा **ब** से तथा ज्योति पर उत्पन्न पराभव को **प** से अभिहित मानिये। इन स्विचों की चार संभव्य स्थितियाँ बनती हैं जो इस प्रकार हैं–

1. दोनों स्विच पृथ,
2. स्विच अ पृथ, स्विच ब अथ,
3. स्विच अ अथ, स्विच ब पृथ,
4. दोनों स्विच अथ

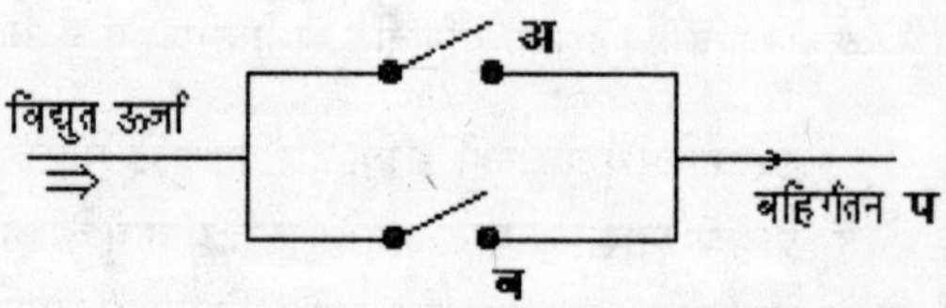

सामान्य शास्त से हम पाते हैं कि स्विचों की चार स्थितियों से ज्योति की मात्र दो ही अवस्थाएँ संभव्य होती हैं- यह ज्वलित होती है, अथवा बुझी होती है। इस व्यवस्था के परिपथ तथा स्विचों एवं ज्योति की अवस्थाओं को ऊपर की सत्य तालिका में दर्शाया गया है।

अ	ब	प
0	0	0
0	1	1
1	0	1
1	1	1

इससे हम पाते हैं कि ज्योति का ज्वलन स्विच **अ अथवा ब** के अथ होने पर संभव होता है। इस कारण से इस प्रकार के शास्तन को **अथवा** परिचारण कहा जाता है। गणितीय भाषा में इसे इस समीकरण से दर्शाया जाता है -

अ + ब = प इस समीकरण में **+** चिन्ह को **अथवा** चिन्ह कहा जाता है।

4. तथा / एण्ड शास्त्र

पार्श्व के परिपथ को ध्यान से देखिये इसमें स्विचों **अ** तथा **ब** को एक के बाद दूसरा सम्बन्धित किया गया है। इस प्रकार के सम्बन्धन को अवालम्बित अवस्था कहा जाता है। इस परिपथ के उपयोग को साथ में दी गई सत्य तालिका से दर्शाया जा सकता है।

अ	ब	प
0	0	0
0	1	0
1	0	0
1	1	1

इसमें हम पाते हैं कि ज्योति का ज्वलन तभी होता है जब स्विच अ तथा स्विच ब दोनों अथ अवस्था में हो। इसलिये इस प्रकार के तर्क को तथा शास्त्र कहा जाता है। गणितीय भाषा में इसे इस प्रकार दर्शाया जाता है –

प = अ . ब

जहाँ बिन्दु चिन्ह **तथा** का चिन्ह कहा जाता है।

5. सम्पूरक / कम्प्लीमेण्टरी शास्त्र

संपूरक कपाट में दो समालम्बित स्विच होते हैं जिनमें से एक बफर तथा दूसरा इन्वर्टर होता है। दोनों स्विचों के परिचारण एक साथ होने के लिये परस्पर युग्मित किये जाते हैं, जैसा कि आगे चित्र में दिखाया गया है।

इसमें दोनों स्विचों को इस प्रकार युग्मित किया गया है कि एक न एक स्विच सर्वदा अथ अवस्था में रहता है। जब प्रथम स्विच पृथ अवस्था में होता है तो दूसरा अथ अवस्था में होता है। दोनों स्विचों का परिचारण एक साथ होता है अत: जब प्रथम स्विच अथ अवस्था में लाया जाता है तो द्वितीय स्वत: ही पृथ अवस्था में आ जाता है। इससे ज्योति सदैव ज्वलित रहती है। इस व्यवस्था की सत्य तालिका भी ऊपर दी गई है। इस तर्क का आधार यह है कि ज्योति को सदा ज्वलित अवस्था में रखने हेतु दोनों स्विचों का व्यवस्थित किया जाना है।

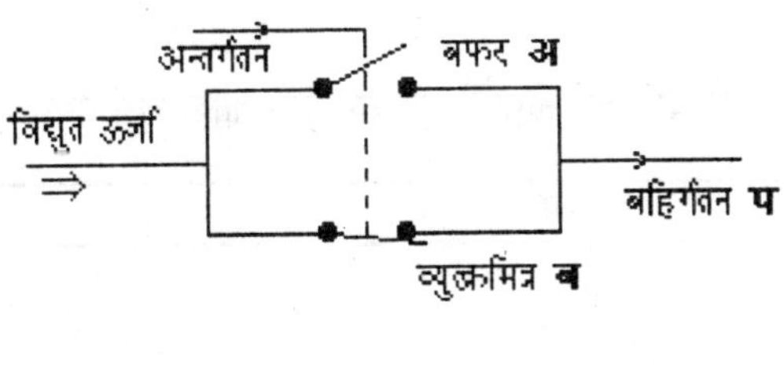

अन्तर्गतन	बहिर्गतन		
	अ	ब	प
0	0	1	1
1	1	0	1

जो गणितीय भाषा में प = अ **+** ब होगा। किन्तु इसमें स्विचों के युग्मन के कारण अ तथा ब का एक सुनिश्चित पारस्परिक सम्बन्ध है जिसे –

अ = $\overline{\text{ब}}$ अथवा ब = $\overline{\text{अ}}$

से दर्शाया जाता है। अ अथवा ब की अवस्थाएँ एक दूसरे की सम्पूरक कही जाती हैं। इसमें हम पाते हैं कि अ तथा ब सदैव एक दूसरे के **विवर्त/ इनवर्स** रहते हैं अत: इन स्विचों को एक दूसरे का विवर्त /इनवर्स भी कहा जाता है।

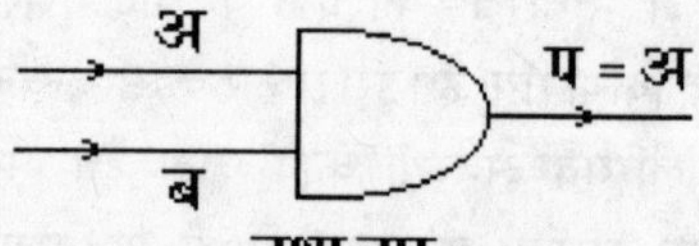

तथा द्वार

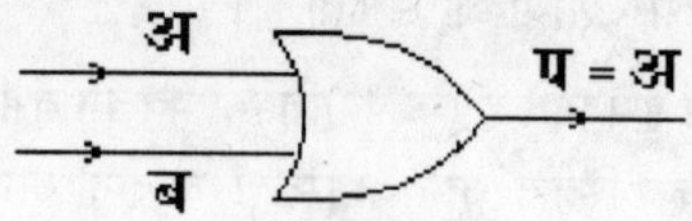

अथवा द्वार

अथवा एवं **तथा** कपाट कम्प्यूटर शास्त के महत्त्वपूर्ण अंग हैं, इसके अभीष्ट संकेत पार्श्व चित्र में दर्शाये गये हैं। इन चार स्त्रुत व्यवस्थाओं के विभिन्न समन्वयों से कुछ अन्य संयुक्त व्यवस्थाओं को भी अभीष्ट नाम तथा स्वरूप प्रदान किये गये है। इनमें से कुछ इस प्रकार है –

1. नौर / नाथवा कपाट

अथवा तथा **विवर्त** कपाटों के अवालम्बी सम्बन्धन से इसमें प्रवाहित संकेतों पर दोनों क्रियाएँ होती हैं जिसकी सत्य तालिका निम्नांकित है –

अ	*ब*	*अ + ब*	*प*
0	0	0	1
0	1	1	0
1	0	1	0
1	1	1	0

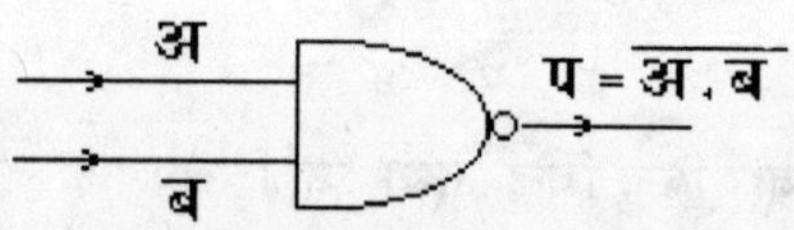

नातथा द्वार

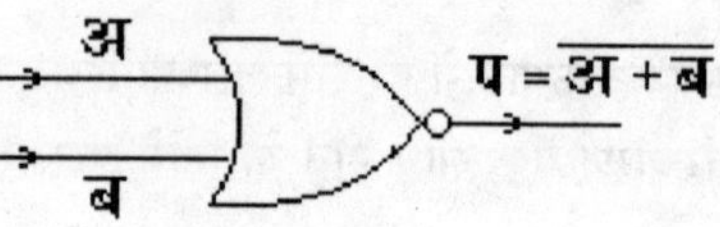

नाथवा द्वार

उपरोक्त तालिका स्पष्ट है कि इस कपाट की बहिर्गतन बिट 1 तभी होती है जब **ना तो** अंतगर्तन अ हो, **ना ही** अंतर्गतन **ब** उपस्थित हो।

2. नैण्ड / नातथा कपाट

तथा तथा **विर्वत** द्वारों के अवालम्बी सम्बन्धन से जो द्वार प्राप्त होता है उसकी सत्य तालिका निम्नांकित है-

अ	*ब*	*अ . ब*	*प*
0	0	0	1
0	1	0	1
1	0	0	1
1	1	1	0

इससे स्पष्ट है कि द्वार का बहिर्गतन तभी होता है जब **अ** तथा **ब** में से कोई अनुपस्थित हो। **नाथवा** एवं **नातथा** द्वारों के संकेतक चित्र पिछले पृष्ठ पर दिखाये गये हैं। इन शास्त कपाटों के आधार पर बाइनरी संख्याओं के लिये उपादेय विशेष बीजगणित विकसित किया गया है जिसे **बूलीय बीजगणित** कहते हैं।

अभ्यास :

किसी सोपानापात्र - स्टेयरकेस की ज्योति स्विचिंग व्यवस्था की परिकल्पना कीजिये तथा इसके लिये सत्य तालिका निर्मित कीजिये। इस पाठ में वर्णित कपाटों के समन्वय से इसका समतुल्य बनाइये।

प्रश्नमाला:

1. निम्नलिखित प्रश्नों के समुपयुक्त उत्तर चिन्हित कीजिये -

अ. शास्त तन्त्र में बफर के स्थान पर इसका उपयोग किया जा सकता है -

क. दो समालम्बी व्युत्क्रमित्र कपाट, ख. दो अवालम्बी व्युत्क्रमित्र कपाट,

ग. कोई सुचालक तन्तु , घ. कुछ नहीं

आ. एक बफर तथा एक व्युत्क्रमित्र कपाट के अवालम्बी संबन्धन से यह उम्पन्न होता है -

क. एण्ड कपाट, ख. **और** कपाट,

ग. व्युत्क्रमित्र कपाट, घ. कुछ नहीं

इ. एक **एण्ड** कपाट तथा एक व्युत्क्रमित्र कपाट के संयोग से नैण्ड कपाट का कार्य लेने हेतु, इनके संबन्धन इस प्रकार के होंगे -

क. समालम्बी, ख. अवालम्बी,

ग. असंभव, घ. कोई अन्य

ई. एक **और** कपाट के दो अन्तर्गतनों को संयुक्त कर देने से यह कपाट बनता है -

क. बफर, ख. व्युत्क्रमित्र,

ग. एण्ड, घ. कुछ नहीं

उ. एक **एण्ड** कपाट के दो अन्तर्गतनों को संयुक्त कर देने से यह कपाट बनता है -

क. बफर, ख. व्युत्क्रमित्र

ग. **एण्ड,** घ. कुछ नहीं

2. निम्नलिखित पर टिप्पणी लिखिये -

क. स्विचिंग लॉजिक, ख. नैण्ड कपाट,

ग. नौर कपाट, घ. कपाट प्रतीक

3

कम्प्यूटर तन्त्र के उपयोग

कम्प्यूटर मनुष्यों द्वारा किये जाने वाले उन कामों में अत्यधिक उपयोगी सिद्ध होता है जिनमें एक या अनेक क्रियाओं को बार-बार करना पड़ता है। वास्तव में देखा जाये तो कुछ विशिष्ट रचनात्मक कार्यो को छोडकर शेष सभी कार्य बार-बार ही किये जाते हैं, जैसे - नित्य प्रति उठना, तैयार होना, तथा पाठशाला जाना, गणित के गृह कार्य में बार-बार योग, अवयोग, गुणन तथा भाग करना, निबन्ध लिखने में वर्णमाला के अक्षरों का ही बार-बार उपयोग करना, सब्जी पकाने में नमक, मिर्च आदि मसालों को एक ही अनुपात में बार-बार डालना, कपड़े धोने मे बार-बार कपडों को भिगोना, साबुन लगाना, मलना, धोना तथा सुखाना, तथा पिताजी का नित्य प्रति एक ही मार्ग से तथा एक ही वाहन से कार्यालय जाना, इत्यादि। इस प्रकार हम पाते हैं कि कम्प्यूटर हमारे लगभग सभी कार्यो में हमारा सहयोगी हो सकता है तथा हमें अपने कार्यो को करने में अधिक समर्थ बना सकता है।

अपने कार्यों में कम्प्यूटरों का उपयोग करने हेतु हमें कार्यों को दो वर्गो में विभाजित करना होगा। एक वर्ग में वे कार्य होंगे जिनके करने की विधि पहले से नियत नहीं की जा सकती है। इन कार्यो को हमें स्वयं ही करना होगा। दूसरे वर्ग में वे कार्य होंगे जिनकी विधियाँ पहले से ही नियत हैं। इन कार्यों को कम्प्यूटर को सौंपा जा सकता है। इसके लिये हमें कम्प्यूटर को कार्य करने की विधियाँ प्रदान करनी होंगी। इस प्रकार की विधियाँ कम्प्यूटरों के नियमों के अनुसार तथा उन्ही की भाषा में तैयार करके कम्प्यूटर की स्मृति में अंकित कर दी जाती हैं। इस प्रकार के विधि वर्णन को कम्प्यूटर का **प्रोग्राम** कहते हैं।

यह तो स्पष्ट ही है कि अपने कार्यो में कम्प्यूटरों का उपयोग वही मनुष्य कर सकते हैं जो इनकी कार्यप्रणाली, भाषा आदि से परिचित हों। ऐसे व्यक्ति कम्प्यूटरों को अपने सेवकों की तरह से उपयोग कर अपनी कार्य कुशलता तथा समर्थता कई गुनी बढ़ा सकते हैं। इसके विपरीत जो व्यक्ति कम्प्यूटरों का ज्ञान नहीं रखते, वे अपने कार्यों में अकुशल तो रहते ही है, कभी-कभी इनके द्वारा किये जाने वाले कार्यो को कम्प्यूटरों से शीघ्रता से तथा अधिक कौशल से करा लिया जाता है, जिससे ये व्यक्ति अपनी आजीविका से भी हाथ धो बैठते हैं।

अत: आधुनिक युग में प्रत्येक मुनष्य को कम्प्यूटरों का ज्ञान प्राप्त कर उनका अपने कार्यो में उपयोग करना चाहिये। जो ऐसा नहीं करेंगे, वे अन्यों की तुलना में पिछड़ जायेंगे। यहाँ यह भी ध्यातव्य है कि कम्प्यूटर किसी देश विशेष, किसी भाषा विशेष, किसी आयु विशेष, किसी वर्ग विशेष, आदि से कोई संबन्ध नहीं रखते हैं, जो इनका उपयोग करना जानते हैं, ये उन्ही के हो जाते हैं। कुछ प्रमुख क्षेत्र जिनमें कम्प्यूटरों का उपयोग किया जा रहा है, निम्नांकित हैं -

1. मौसम पूर्वानुमान

भारत की एक पुरानी उक्ति है -

करूआ बादर जी डरपावै, भूरा बादर पानी लावै।

अर्थात् काला बादल केवल डराता है जबकि भूरा बादल पानी बरसाता है। भारत में अनेक ऐसी उक्तियाँ लम्बे समय से प्रचलित रही हैं जो विद्वानों ने अपने अनुभवों के आधार पर कही थीं। इनके आधार पर लोग मौसम का पूर्वानुमान लगाकर कार्यों की योजना बनाते थे। इस प्रकार की उक्तियाँ मौसम को प्रभावित करने वाले सभी गणकों पर विचार नहीं करती तथा इनके आधार पर सीमित क्षेत्र के कुछ घण्टों के मौसम का ही अनुमान लगाया जा सकता है।

भारत एक बहुत बड़ा देश है। यहाँ मनुष्यों को यात्रा करने, कृषि कार्य करने, मछली पकड़ने समुद्र मे जाने, जैसे अनेक कार्यो के लिये विभिन्न समयों पर विभिन्न स्थानों के मौसम के ज्ञान की आवश्यकता होती है। मौसम सुदूर वायुमण्डल के तापमानों, नमी तथा वायु प्रवाह पर निर्भर करता है। मौसम विज्ञान विभाग के संवेदी उपग्रह वायुमण्डल में दूर-दूर जाकर वहाँ की इन सूचनाओं को एकत्र करते हैं। इन विशाल सूचनाओं के आधार पर मौसम के पूर्वानुमान के लिये लम्बे-लम्बे अनुकलन करने होते हैं । मनुष्यों द्वारा इन अनुकलनों के करने में बहुत लम्बा समय लगता है जबकि कम्प्यूटर इन सूचनाओं के आधार पर अनुकलन करके मौसम के पूर्वानुमान का कार्य कुछ मिनटों में ही कर देता है।

इस प्रकार से प्राप्त समुद्री तूफानों की पूर्व सूचना मछुआरों को समुद्र में न जाने देने के लिये की जाती हैं जिससे उनकी जानें बचती हैं।

बच्चों, तुमने दूरदर्शन के समाचारों के अन्त में एक स्त्री को भारत के विशाल मानचित्र पर छड़ी से इंगित करते हुए विभिन्न स्थानों के मौसम के बारे में जानकारी देते हुए देखा होगा। उस स्त्री को ये सब सूचनाएँ कम्प्यूटर ही प्रदान करता है।

2. प्रकाशन व्यवसाय

कम्प्यूटरों के उपयोग से प्रकाशन व्यवसाय **विपर्ण** के उपयोग को कम करता जा रहा है। अब सीधे कम्प्यूटर के परदे पर लिखा जाता है, जिससे इसकी त्रुटियों का अधिक सरलता से निराकरण किया जा सकता है। कम्प्यूटर प्रदर्श पर ही पुस्तकें आदि को अन्तिम स्वरूप में सजाया जाता है। ये सब कार्य पहले की तुलना में अब कम्प्यूटरों की सहायता से अधिक सुविधाजनक ही नहीं, शीघ्रता से भी होते हैं।

यही नहीं, पुस्तकें भी अब विपर्णों पर छपने के स्थान पर सी. डी. अर्थात संविष्ट चकतियों पर उपलब्ध होने लगी हैं जिनको कम्प्यूटर के माध्यम से पढ़ा जा सकता है। इन इलेक्ट्रॉनिक पुस्तकों की सबसे बड़ी विशेषता यह है कि ये बोल भी सकती हैं। चित्रों को परदे पर दिखाते हुए सिद्धान्तों की व्याख्या पाठक को अधिक रूचिकर लगती है तथा सरलता से समझ में आती है।

3. मनोरंजन व खेल

जिस प्रकार सी.डी. पर पुस्तकों को प्रकाशित किया जाता है, उसी प्रकार इन पर चलचित्र भी अंकित किये जाते हैं जिससे आप अपने कम्प्यूटर पर ही चलचित्र का आनन्द ले सकते हैं। अनेक रोचक एवं शिक्षाप्रद खेलों के प्रोग्राम

भी उपलब्ध हैं जिनके माध्यम से अकेला कम्प्यूटर परिचालक भी खेल से मन बहला सकता है। कम्प्यूटर पर शतरंज जैसे खेल खेले जा सकते हैं। कम्प्यूटर खेल की चालों का अग्रिम अनुकलन करके खिलाड़ियों को मार्गदर्शन भी प्रदान कर सकता है।

खेलों की स्पर्धाओं में कम्प्यूटर निर्णायक की भूमिका निर्वाह कर रहे हैं। एक सैकण्ड के 1000 वें अंश तक का अन्तर, बॉल का वेग आदि कम्प्यूटरों द्वारा प्रदान किया जाता है। इस सबसे यह स्पष्ट होता है कि कम्प्यूटरों के आगमन से पहले खेलों के निर्णयों में त्रुटियाँ अवश्य रह जाती होंगी।

4. वैज्ञानिक शोध एवं विकास

अति सूक्ष्मता से मापन एवं शीघ्रता से अनुकलन वैज्ञानिक शोध के मूल आधार हैं। ये दोनों कार्य कम्प्यूटरों द्वारा बहुत अच्छी तरह से किये जाते हैं। अतः प्रत्येक वैज्ञानिक अनुसंधानकर्ता के लिये कम्प्यूटर परम आवश्यक हो गये हैं।

5. लेखांकन

कम्प्यूटरों के आगमन से पहले वाणिज्यिक प्रतिष्ठानों के लेखे विशेषज्ञों द्वारा तैयार किये जाते थे तथा उनसे जटिल अनुकलन करके विभिन्न **प्रतिसार** तैयार किये जाते थे। अब ऐसे कम्प्यूटर प्रोग्राम उपजब्ध हैं जिनके माध्यम से एक नव प्रशिक्षु भी लेखांकन कर सकता है तथा अनेक प्रकार के प्रतिसार कम्प्यूटर स्वयं तैयार कर देता है। यही नहीं, लेखांकन मे कोई त्रुटि होने पर कम्प्यूटर उसकी सूचना भी प्रदान कर देता है। साथ ही एक स्थान पर किये गये परिवर्तन से सभी सम्बन्धित संचिकाओं में स्वयमेव संशोधन हो जाता है।

6. संदेश वाहक

कम्प्यूटरों का उपयोग लिखित सन्देशों के भेजने तथा प्राप्त करने में हो रहा है। इस सुविधा को ई-मेल कहा जाता है। यदि आपका कम्प्यूटर दूरभाष धारापथ से मोडम के माध्यम से सम्बन्धित है तो आप अपने कम्प्यूटर के परदे पर अपना पत्र अथवा कोई संदेश छाप कर किसी अन्य कम्प्यूटर को भेज सकते हैं, जहाँ यह संदेश एक संचिका में जमा हो जाता है तथा प्रापक द्वारा अपनी सुविधानुसार कभी भी पढ़ा जा सकता है।

7. डेटा संस्कारण

बच्चे - 5, कुर्सी - 2, मकान -3, पंखा - 4, कपडा - 10 मीटर, वर्षा - 11 इन्च, नगर-अलवर, प्रान्त-हरियाणा आदि कुछ आँकड़े हैं जिनका कोई आपसी सम्बन्ध नहीं दर्शाया गया है। इस प्रकार के अव्यवस्थित गणकों को डेटा अथवा आधर कहा जाता है। आधरों को सुव्यवस्थित करने से यदि वे अर्थपूर्ण हो जाते हैं तो उन्हें सूचनाएँ कहते हैं। जैसे उपरोक्त आधरों से यदि यह कहा जाये कि अलवर नगर हरियाणा प्रान्त में नहीं है, अथवा पाँच बच्चों के लिये दो कुर्सियाँ पर्याप्त नहीं हैं, किन्तु चार पंखे आवश्यकता से अधिक हैं तो ये सार्थक सूचनाएँ बन जाती हैं।

आधरों को सूचना में परिवर्तन करने की संक्रिया को संस्कारण कहते हैं। आधर संस्कारण कम्प्यूटरों का प्रमुख कार्यक्षेत्र रहा है। एक और उदाहरण देखिये -

प्रान्त, पुरूष, स्त्री, बच्चे, राजस्थान, 10, 15, 4, हरियाणा, 14, 15, 7, कुल आदि।

एक आधर है जो कोई सूचना प्रदान नहीं करता। इसी आधर को यदि इस प्रकार लिखा जाये -

प्रान्त	*पुरूष*	*स्त्री*	*बच्चे*
राजस्थान	10	15	4
हरियाणा	14	15	7

तो यह सूचना बन जाती है। आधर संस्कारण में एक डेटा को अनेक प्रकार की उपयोगी सूचनाओं में परिवर्तित किया जा सकता है। देश की जनसंख्या, स्त्री, पुरूष तथा बच्चों की संख्या, शिक्षित तथा अशिक्षितों की संख्या, जन्म, मृत्यु दर, औसत आयु, आदि अनेक सूचनाएँ जनसंख्या सम्बन्धी आधरों से प्राप्त की जा सकती हैं।

कम्प्यूटर इस प्रकार के कार्य बड़ी शीघ्रता से करते हैं। बड़े होकर तुम पाओगे कि लाखों छात्रों के परीक्षाफल कम्प्यूटरों द्वारा विभिन्न स्वरूपों में कुछ घण्टों में ही तैयार हो जाते हैं।

8. सूचना संचार

अच्छी योजनाएँ बनाने, उनको व्यवहार मे लाने तथा परिणामों की समीक्षा करने में सूचनाओं के आदान-प्रदान का बहुत महत्व हैं। जैसे जब तुम्हारी अध्यापिका तुम्हें पाठ्य पुस्तकों की सूची, परीक्षा का समय आदि की सूचना प्रदान करती है तभी तो तुम अपनी पढाई-लिखाई की योजना बनाते हो। इसी प्रकार देश भर के विस्तृत क्षेत्र में मनुष्यों की संख्या उनकी भोजन आदि की आवश्यकताएँ, उनके कृषि उत्पादन, देश भर में स्कूलों की संख्या, छात्रों की संख्या, अध्यापकों की संख्या आदि अनेकानेक सूचनाएँ हैं जिनकी आवश्यकता राष्ट्रीय योजनाएँ बनाने में आवश्यकता होती हैं। पहले यह कार्य पत्रों द्वारा होता था जिससे देश भर की सूचनाएँ एकत्र करने में कई वर्ष का समय तथा सैकड़ों टन विपर्ण खपत हो जाता था। फिर उन सूचनाओं को व्यवस्थित करने तथा उनका संस्कारित करने में बहुत से व्यक्तियों की आवश्यकता होती थी। अब भारत के प्रत्येक जनपद को एक कम्प्यूटर संजाल से जोड़ दिया गया है जिससे कहीं से भी कोई सूचना क्षणों में प्राप्त की जा सकती है। प्राप्त सूचनाओं को कम्प्यूटर संस्कारित करता है तथा आवश्यक तथ्यों को नियोजन हेतु प्रस्तुत करता है।

9. सूचना संगृह

तुम यदि किसी पुराने राजकीय कार्यालय में जाओ तो वहाँ कम से कम एक कक्ष ऐसा अवश्य होगा जिसमें पुरानी फाइलें कूड़े के ढेर की तरह बस्तों में बँधी पड़ी होंगी। किसी से उनके बारे में पूछोगे तो यही उत्तर होगा कि ये सब आवश्यक सूचनाओं की पुरानी फाइलें हैं जिनकी कभी भी आवश्यकता हो सकती है। और यदि तुम कोई आवश्यक सूचना प्राप्त करना चाहोगे तो प्रत्येक व्यक्ति उस आवश्यक सूचनाओं के ढेर में हाथ लगाने से भी कतरायेगा ।

कम्प्यूटरीकृत कार्यालय में ऐसे ढेर दिखाई नहीं पड़ेंगे। तुम्हारी जेब में आ सकने वाली एवं 15 रूपये मूल्य की एक फ्लॉपी चकती में 500 पृष्ठों का पाठ्य समा सकता है। एक सी.डी. पर तो लगभग 100,000 पृष्ठों की पाठ्य सामग्री संगृहित हो सकती है। यही नहीं, इन सूचनाओं को कम्प्यूटर के माध्यम से बड़ी सरलता से प्राप्त किया जा सकता है अथवा विभिन्न स्वरूपों में संस्कारित किया जा सकता है। इसीलिये कम्प्यूटरी पद्यतियों को सूचना जगत कहा जाता है।

10. पुस्तकालय सांगोपादन

पुस्तकालय का अर्थ है हजारों-लाखों पुस्तकों को व्यवस्थित करके रखना तथा उन्हें पाठकों को आध्ययन हेतु उपलब्ध कराना। इस कार्य की विशालता एवं इसकी विकास में उपयोगिता इसे जटिलता एवं अनिवार्यता प्रदान करते हैं। एक ही शीर्षक की हजारों पुस्तकें हो सकती हैं, साथ ही एक ही लेखक की भी अनेकों पुस्तकें हो सकती हैं, तथा एक ही नाम के भी अनेकानेक लेखक हो सकते हैं। ये सब तथ्य पुस्तकालय सांगोपादन को और भी अधिक जटिल बनाते हैं। इसके लिये प्रत्येक पुस्तक को एक कूटसंख्या प्रदान की जाती है जिसका विश्वस्तर पर विषयानुसार मानकीकरण किया गया है। यह अति जटिल कार्य अब कम्प्यूटरों द्वारा बड़ी सरलता से किया जा रहा है।

यही नहीं, कम्प्यूटरों के माध्यम से पुस्तकालय सेवाओं को विस्तार भी दिया जा रहा है। अब पुस्तकालय सदस्यों को उनकी रूचि के विषयों के नये नये आलेख कम्प्यूटर द्वारा चयन किये जाकर उनके कम्प्यूटरों को प्रेषित कर दिये जाते हैं। सदस्य द्वारा वांछित विषय की समस्त जानकारी सुव्यवस्थित रूप में उसे तुरन्त उपलब्ध करायी जा रही है।

11. व्यवसाय सांगोपादन

व्यवसाय चाहे छोटा हो अथवा बड़ा, इसका सांगोपादन इसके कर्ता के लिये जटिल भी रहा है तथा आवश्यक भी। इसमें आवश्यकता इस तथ्य की होती है कि प्रत्येक कर्म में उसके प्रत्येक पक्ष को ध्यान में रखा जाय। इसमें

निमिष चूक भी पूरे व्यवसाय को धराशायी कर सकती है। मनुष्य एक बार शान्तचित्त से पूरे परिदृश्य पर विचार कर योजना बना सकता है किन्तु प्रत्येक स्थिति में ऐसा ही करेगा यह आवश्यक नहीं है क्योंकि उसके कर्म सभी समय परिस्थितियों से पराभवित होते हैं। व्यवसाय में अनुकूल व प्रतिकूल परिस्थितियाँ आती रहती हैं अत: कर्ता की अनुपादिता भी एक जैसी नहीं रहती। किन्ही प्रतिकूल परिस्थितियों में कुछ विचारणीय पक्ष उसकी दृष्टि से ओझल हो सकते हैं, ऐसे में वह निर्णय में त्रुटि कर सकता है। व्यवसाय की सफलता निर्णयों की सटीकता पर ही निर्भर करती है।

व्यवसाय में कम्प्यूटरों की उपादेयता इसीलिये सार्थक है कि इनके व्यवहार परिस्थिति-सिद्ध होते हैं, इनमें पलप्रतिपल परिस्थितियों से पराभवित हाने का दुर्गुण नहीं होता, अत: इनके निर्णय सदैव एक समान रहते हैं। इस प्रकार कम्प्यूटर व्यवसाय सांगोपादकों के संपूरक के रूप में महत्त्वपूर्ण हैं। इसे **कम्प्यूटर-उपचारित सांगोपादन** अथवा **कम्प्यूटर-एडिड मैनेजमेण्ट : कैम** कहा जाता है। इसके अतिरिक्त कम्प्यूटरों की पुनरावृत्ति की तीव्रगति व्यवसाय के नित्यप्रति कर्मों के लिये अति लाभदायक सिद्ध हुई है, जैसे माह के अन्तिम दिन तक का हजारों कर्मियों के वेतन का अनुकलन का कार्य जो पहले विशेष प्रयासों से 8-10 दिन में हाता था, अब कम्प्यूटरों के माध्यम से कुछ घण्टों में किया जा रहा है। इसी प्रकार विपणन एवं वितरण जो बहुसम्मापी जुटिल संक्रियाएँ हैं, कम्प्यूटरों के माध्यम से पूरी तरह समझी जा सकी हैं। कम्प्यूटरों पर आधारित सुदूर संचार प्रणाली से व्यवसायों के अन्तरराष्ट्रीयकरण में सुविधा हुई है।

12. उत्पादन सांगोपादन

व्यवसाय की तरह ही उत्पादन भी एक जुटिल एवं बहुसम्मापी संक्रिया है जिसमें कम्प्यूटरों ने अभूतपूर्व **प्रतिकृन्ति** की है। इसे **कम्प्यूटर-उपचारित सांगोत्पादन** अर्थात **कम्प्यूटर-एडिड मैन्युफैक्चरिंग** कहा जाता है। अब ऐसी उत्पादी इकाइयों का निर्माण होने लगा है जिनमें विशाल मात्रा में उत्पादन होता है तथा एक भी मनुष्य की आवश्यकता नहीं होती। सब कुछ कम्प्यूटरों द्वारा संयामित तथा परिचारित होता है। यही नहीं, इन उत्पादियों में उत्पादों के नये-नये रूप उत्पादित किये जा सकते हैं जो सब कम्प्यूटरों द्वारा अभिकल्पित एवं संचालित होता है। इस प्रकार की उत्पादन व्यवस्था को **नम्य सांगोपादन प्रणाली - फ्लैक्सिबिल मैन्युफैक्चरिंग सिस्टम** कहा जाता है।

प्रश्नमाला :

1. कम्प्यूटरीकृत पुस्तक प्रकाशन व्यवस्था पर एक आलेख तैयार कीजिये।
2. भारत के परिपेक्ष्य में कम्प्यूटरों की उपादेयता पर अपने विचार प्रकट कीजिये।
3. कम्प्यूटर अमेरिका में क्यों सर्वाधिक प्रचलित हैं? इस की व्याख्या कीजिये।

4

कम्प्यूटर कन्फिगरेशन

कम्प्यूटर तन्त्र को सक्षम एवं समर्थ बनाने के लिये इसकी विभिन्न सीमाएँ नियत की जाती है तथा अन्य आवश्यक व्यवस्थाएँ की जाती हैं। इन कार्यो को कम्प्यूटर का **कन्फिगरेशन** अथवा **अनुरूपण** कहा जाता है। कम्प्यूटर कनफिगरेशन के सभी कार्य प्रायः कम्प्यूटर प्रवर्तन के साथ किये जाने चाहिये क्योंकि यदि बाद में कोई परिवर्तन किया जाता है तो इसे प्रभावी बनाने के लिये कम्प्यूटर को पुनः प्रवर्तित कराना आवश्यक होता है। इस कार्य के लिये एम. एस. डॉस में दो संचिकाओं का प्रावधान है जिन्हें प्राथमिक चकती सीः की मूल निदेशिका में रखा जाता है। कम्प्यूटर प्रवर्तन के समय इन संचिकाओं को खोजता है तथा पाये जाने पर इनमें निहित अधिदेशों को स्वतः ही क्रियान्वित कर देता है। ये दो संचिकाएँ **कनफिग.सिस** तथा **ऑटोएक्जीक्.बैट** है।

1. संचिका कनफिग.सिस CONFIG.SYS

इस संचिका में एम. एस. डॉस की तन्त्रीय सुविधाओं के अधिदेश अंकित किये जाते है। इसका ईक्षायन डॉस के एडीटर प्रोग्राम पर किया जा सकता है। इस संचिका की प्रविष्टियाँ प्रत्येक कम्प्यूटर में उपलब्ध सुविधाओं तथा उसके वांछित उपयोगो पर निर्भर करती है। अतः संचिका का कोई अभीष्ट रूप नहीं है। इसका एक दृष्टात्य निम्नांकित प्रकार का हो सकता है -

```
DEVICE = C:\DOS\HIMEM.SYS
DEVICE=C:\DOS\EMM386.EXE NOEMS
BUFFERS=15,0
FILES=50
DOS=UMB
LASTDRIVE=E
FCBS=40
DEVICEHIGH=C:\DOS\ANSI.SYS
STACKS=9,256
DEVICE=C:\DOS\RAMDRIVE.SYS
```

इस संचिका में सन्निहित विभिन्न अधिदेशों के उद्देश्य निम्नांकित है -

DEVICE = C:\ DOS\ HIMEM.SYS

डिवाइस शब्द एक उपचय संचालक प्रोग्राम को सक्रिय करने का अधिदेश है। उपरोक्त कथन में यह सीः चकती पर डॉस निदेशिका के अन्तर्गत संचिका **हाइमेम.सिस** को सक्रिय कर रहा है। हाइमेम. सिस एक तन्त्रीय प्रोग्राम है जो कम्प्यूटर तन्त्र के उच्च स्मृति क्षेत्र तथा अभिनित स्मृति के उपयोग को व्यवस्थित करता है। जिससे

किसी भी स्मृति क्षेत्र का उपयोग एक समय पर केवल एक ही प्रोग्राम करे। यह प्रोग्राम सक्रिय होने के पश्चात. कम्प्यूटर की स्मृति में ही सदैव सक्रिय अवस्था में प्रहरी की भाँति उपस्थित रहता है। उपरोक्त अधिदेश इस प्रोग्राम को सम्मत्य स्मृति में उपस्थित रहने का निर्देशन करता है।

DEVICE = C:\ DOS\ EMM 386.EXE NOEMS

यह अधिदेश एक उपचय संचालक **ई. एम.एम. 386. ई. एक्स. ई.** को सक्रिय करता है जो 80386 तथा उच्चतर कम्प्यूटरों के लिये एक प्रोग्राम अति सक्षम स्मृति प्रबन्धन प्रोग्राम हे। इसकी संचिका सी: चकती की डॉस निदेशिका में उपलब्ध है। अन्तिम शब्द नोईएमएस कम्प्यूटर तन्त्र में विस्तारित स्मृति को प्रतिबन्धित करता है।

BUFFER = 15.0

कम्प्यूटर की स्मृति 128,256 अथवा 512 बाइट के भागों में विभाजित मानी जाती है। प्रत्येक भाग को एक सैक्टर अथवा अंश कहते है। बफर अधिदेश चकती से प्रत्येक बार सूचना प्राप्त कर स्मृति में अंकित करने हेतु स्मृति अंशों की संख्या निर्धारित करता है। इस अधिदेश में प्रथम संख्या अनिवार्य होती है। जो मुख्य स्मृति के लिये है। इस संख्या का मान शून्य से 99 तक हो सकता है।

दूसरी संख्या का निर्धारण अनिवार्य नहीं है, यह कम्प्यूटर की कैश स्मृति के अंशों की संख्या दर्शाती है।

FILES = 50

बड़े कार्यो को करने के लिये कम्प्यूटर को एक साथ अनेकों संचिकाओं को खुली रखना आवश्यक हो सकता है। फाइल्स अधिदेश एक समय पर खुली रखी जा सकने वाली संचिकाओं की संख्या नियत करता है। इसका मान शून्य से 255 तक रखा जा सकता है। कोई मान न देने पर यह मान 8 माना जाता है। डॉस आधारित प्रोग्रामों के लिये इसका मान न्यूनतम 20, विण्डोज आधारित प्रोग्रामों के लिये 50, तथा नेटवर्क के लिये इसका मान 255 नियत करना वांछित होता है।

D0S = UMB

यह अधिदेश डॉस को उपरि स्मृति गुट में उपस्थित रहने के लिये है। ऐसा न करने से डॉस कम्प्यूटर की सम्मत्य स्मृति में उपस्थित रहता है जिससे प्रोग्राम के परिचारण हेतु उपलब्ध स्मृति की मात्रा कम हो जाती है। इसके एक अन्य विकल्प में डॉस को उच्च स्मृति क्षेत्र में भी रखा जा सकता है।

LASTDRIVE =E

इस अधिदेश से कम्प्यूटर तन्त्र की **अन्तिम चकती संचाली** का नाम नियत किया जाता है। चकती संचालियों के नाम एः तथा बीः, अपनेयी चकती संचालियों के लिये, तथा सी: स्थायी चकती के प्राथमिक सक्रिय भाग के लिये आरक्षित हैं। इसके पश्चात् की चकती संचालियाँ डी: ई: .... आदि होती हैं।

FCBS = 40

कम्प्यूटर की प्रत्येक संचिका के संयमन हेतु एक डेटा संरचना होती है। जिसे **फाइल कण्ट्रोल ब्लॉक** एफ सी बी - कहा जाता है। उपरोक्त अधिदेश निर्दिष्ट करता है कि कम्प्यूटर एक समय में अधिकतम कितने एफ सी बी खुले रख सकता है। यह संख्या शून्य से 255 के मध्य रखी जा सकती है।

DEVICEHIGH = C:\DOS\ANSI.SYS

डिवाइसहाई अधिदेश निर्दिष्ट प्रोग्राम संचिका को उच्च स्मृति क्षेत्र में रखता है जिससे सम्मत्य स्मृति क्षेत्र उपादयन प्रोग्राम के उपयोग हेतु उपलब्ध रहता है। आस्की तथा अन्य अन्तरराष्ट्रीय उपयोगी कम्प्यूटरी सूचनाओं के अभीष्ट स्वरूप एएनएसआई.सिस संचिका में संगृहित रहते हैं। इनके उपयोग हेतु इस संचिका को उपरोक्त अधिदेश से सक्रिय किया जाता है।

इस संचिका के माध्यम से कुंजीपटल की कुंजियों के कार्य, प्रदर्श का स्वरूप आदि पुनर्नियत किये जा सकते हैं तथा करसर को हलचल प्रदान की जा सकती है।

STACKS = 9,256

कम्प्यूटर अपनी गतिशीलता के लिये **स्टैक्स** अर्थात् **चट्टों** का उपयोग करता है। जहाँ चट्टों का अर्थ सूचनाओं के चट्टों से है। कम्प्यूटर का माइक्रोप्रोसैसर जब कोई कार्य कर रहा होता है तब इसका एक अवयव स्मृति से सूचनाएँ प्राप्त करके चट्टे लगाता रहता है ताकि माइक्राप्रोसैसर को आवश्यकता पड़ने पर सूचनाओं को तत्काल दिया जा सके। इससे कम्प्यूटर की गति बढ़ती है।

चट्टों की संख्या तथा प्रत्येक चट्टे में स्मृति परिमाण इस अधिदेश से नियत किये जाते हैं। इस अधिदेश में दो संख्याएँ होती हैं - प्रथम चट्टे की संख्या, जो शून्य से 64 तक हो सकती है, तथा द्वितीय प्रत्येक चट्टे में स्मृति परिमाण जो शून्य से 512 बाइट तक हो सकती है। दोनों संख्याओं के मध्यस्थ एक अल्पविराम चिन्ह (,) लगाया जाता है। आधुनिक कम्प्यूटरों के लिये इसका पूर्व नियत मान 9,128 होता है जिसका उपयोग तब किया जाता है जब कम्प्यूटर उपयोक्ता द्वारा इस अधिदेश का उपयोग न किया गया हो। इन चट्टों की मात्रा कम होने से माइक्रोप्रोसैसर को सूचनाएँ तत्काल प्राप्त नहीं हो पातीं, जिससे कार्य गति धीमी ही जाती है। दूसरी ओर इनकी मात्रा अत्यधिक होने से स्मृतिपटल का दुरूपयोग होता है जिससे अन्य कार्यों के लिये इसकी मात्रा कम हो जाती है।

DEVICEHIGH = C:\DOS\RAMDRIVE.SYS

कभी- कभी कम्प्यूटर में इसकी उपस्थिति चकती संचालियों के अतिरिक्त भी संचाली की आवश्यकता हो सकती है। यदि कम्प्यूटर में पर्याप्त स्मृति है तो इस के एक भाग का उपयोग एक आभासी चकती संचाली के लिये किया जा सकता है। यह आभासी चकती, कम्प्यूटर के चालू रहने तक अन्य चकतियों की तरह ही उपयोग में ली जा सकती है।

उपरोक्त अधिदेश सी: चकती की डॉस निदेशिका में उपस्थित संचिका का उपयोग कर एक आभासी चकती का निर्माण करने के लिये है।

2. संचिका ऑटोएक्जीक.बैट AUTOEXEC.BAT

कम्प्यूटर प्रवर्तन में कनफिग.सिस संचिका के अधिदेशों के क्रियान्वयन के पश्चात् ऑटोएक्जीक. बैट संचिका को खोजता है तथा पाये जाने पर इसमें सन्निहित अधिदेशों का क्रियान्वयन भी कर देता है।

यदि प्राथमिक चकती की मूल निदेशिका में यह संचिका उपस्थित नहीं है तो कम्प्यूटर दिनांक तथा समय अधिदेशों का क्रियान्वयन करता है, अन्यथा इन्हें छोड़कर कम्प्यूटर ऑटोएक्जीक. बैट संचिका के अधिदेशों का

क्रियान्वयन करता है। इस संचिका ईक्षायन भी डॉस एडीटर प्रोग्राम द्वारा किया जा सकता है।

इस संचिका में रखे जाने वाले प्रमुख डॉस अधिदेशों के साथ संचिका स्वरूप का दृष्टात्य निम्नांकित है -

```
PATH C:\DOS;C:\WINDOWS;C:\cplus\bin
SET TEMP=C:\WINDOWS\TEMP
REM LH C:\WINDOWS\COMMAND\MSCDEX
CLS
ECHO OFF
```

इन अधिदेशों की व्याख्या इस तरह से की जा सकती है -

PATH C:\DOS;C:\WINDOWS;C:\cplus\bin

कम्प्यूटर किसी भी संचिका का उपयोग करने से पूर्व मूल निदेशिका से संचिका तक के पथ में आने वाली सभी निदेशिकाओं को क्रमश: खोलता हुआ उनके विवरणों को अपने स्मृतिपटल पर अंकित करके रखता है तथा संचिका पर कार्य के पूरे समय यह स्थिति बनाये रखता है। यह कार्य डॉस के सीडी अधिदेश द्वारा संपन्न कराया जाता है। अत: इस व्यवस्था से कम्प्यूटर दो भिन्न निदेशिकाओं की संचिकाओं पर एक साथ कार्य नहीं कर सकता। डॉस आधारित उपादयन प्रोग्रामों पर कार्य करते समय एक समय में केवल एक संचिका पर ही कार्य किया जा सकता है, इसलिये इस प्रतिबन्ध से कोई विशेष समस्या उत्पन्न नहीं होती।

विण्डोज एक बहुकर्मण प्रोग्राम है अर्थात इसके अन्तर्गत एक समय में अनेक संचिकाओं पर कार्य किये जा सकते हैं। अत: एक समय पर अनेक निदेशिकाओं के खुले रखने की आवश्यकता होती है। यह विशेष कार्य पाथ अधिदेश द्वारा सपन्न कराया जाता है। इसे अधिदेश से किसी भी समय एक से अधिक निदेशिकाओं को सक्रिय किया जा सकता है। इसके लिये **पाथ** अधिदेशात्मक शब्द के आगे अर्धविरामों से विलगित निदेशिकाओं की सूची देनी होती है। अत: इस अधिदेश को आवश्यक निदेशिका सूची के साथ **ऑटोएक्जीक्.बैट** संचिका में रख दिया जाता है ताकि कम्प्यूटर के प्रवर्तन के समय ही उन सभी निदेशिकाओं को सक्रिय कर दिया जाये जिनकी आवश्यकता कम्प्यूटर को कभी भी पड़ सकती हो।

पाथ अधिदेश से सक्रिय की गई निदेशिकाओं को कम्प्यूटर का एक **एन्वायरॉनामेण्टल वैरियेबिल** कहा जाता है क्योंकि इससे कम्प्यूटर की सामर्थ्य नियत होती है।

SET TEMP=C:\WINDOWS\TEMP

कम्प्यूटर में जाने-अनजाने सूचनाओं को मिटाया जाता रहता है। इसमें कभी-कभी भूल से वांछित सूचना भी मिट जाने की संभावना रहती है जिसे पुन: प्राप्त करना वांछनीय होता है। इस कारण से कम्प्यूटर प्रत्येक मिटायी गयी सूचना को एक विशेष निदेशिका में अस्थायी संचिका के रूप में एकत्र करता रहता है। इस निदेशिका को **टैम्प** निदेशिका कहा जाता है जो डॉस के आन्तरिक अधिदेश **सैट** से नियत की जाती है। इसे भी कम्प्यूटर का एक **एन्वायरॉनामेण्टल वैरियेबिल** कहा जाता है तथा **ऑटोएक्जीक्.बैट** संचिका में रखा जाता है।

REM LH C:\WINDOWS\COMMAND\MSCDEX

कम्प्यूटर की अधिदेशात्मक संचिकाओं में प्रायः स्पष्टीकरण प्रदान करना भविष्य के लिये सुविधाजनक एवं उपयोगी सिद्ध होता है। ये स्पष्टीकरण टीका-टिप्पणियों के रूप में होते हैं तथा कम्प्यूटर के लिये इनका कोई महत्त्व नहीं होता। इस तरह की **टिप्पणियों** को **रिमार्क** अथवा संक्षेप में **रिम** कहते हैं। कम्प्यूटर इनपर कोई ध्यान न दे इसके लिये ऐसी प्रत्येक पंक्ति के आदि में रिम अथवा रिमार्क शब्द लग दिया जाता है।

इस रिम अथवा रिमार्क शब्द का एक अन्य उपयोग भी किया जाता है। कम्प्यूटर की अधिदेशात्मक संचिका में यदि किसी अधिदेश पंक्ति को अस्थायी रूप से निष्प्रभावी करना हो तो इसके आदि में इस शब्द को अंकित कर दिया जाता है। इससे कम्प्यूटर इस पंक्ति को मात्र एक टिप्पणी समझकर इसे छोड़ देता है। ऊपर दिये गये अधिदेश में एसी ही एक पंक्ति दर्शायी गयी है।

CLS

यह उपशब्द **क्लीअरस्क्रीन** अर्थात **स्वच्छप्रदर्श** का संक्षेप है तथा डॉस का एक आन्तरिक अधिदेश है। इससे किसी भी समय कम्प्यूटर मॉनीटर प्रदर्श को स्वच्छ किया जा सकता है। इसका उपयोग प्रायः उस समय किया जाता है जब प्रदर्श पर कोई महत्त्वपूर्ण सूचना दर्शायी जानी हो। प्रायः प्रोग्रामों के आरंभ में इसका उपयोग कर लिया जाता है।

ECHO OFF

कम्प्यूटर कार्य करते समय सम्मानतः स्मृतिपटल के सक्रिय भाग पर अंकित सूचनाओं को मॉनीटर प्रदर्श पर अंकित करता रहता है। इन सूचनाओं को **ईको** अर्थात **प्रतिध्वनि** कहा जाता है। इससे परिचारक को कम्प्यूटर की गतिविधियों की सूचना मिलती रहती है। कभी-कभी ऐसी सूचनाएँ अनावश्यक व अरूचिकर लग सकती हैं। ऐसी स्थिति में इसे प्रतिबन्धित करने के लिये डॉस के आन्तरिक अधिदेश **ईको ऑफ** अर्थात **प्रतिध्वनि पृथ** का उपयोग किया जा सकता है। सूचनाओं के पुनः प्रतिक्षेपण के लिये **ईको ऑन** अधिदेश की आवश्यकता होती है।

डॉस की तन्त्रीय संचिकाओं को छोड़कर अन्य किसी भी अधिदेश को ऑटोएक्जीक.बैट संचिका में रखा जा सकता है। उदाहरणार्थ यदि कम्प्यूटर प्रवर्तन के पश्चात् किसी उपादयन प्रोग्राम को चालू करना हो तो उसका अधिदेश भी इस संचिका की अन्तिम पंक्ति में रखा जा सकता है।

एन्वायरोनमेण्टल वैरियेबिल्स - पर्यावरणीय चर

कम्प्यूटर के अनुरूपण से स्मृति प्रबन्धन के अतिरिक्त उसके परिचारणीय तत्त्व नियत होते हैं जिन्हें पर्यावरणीय चर कहा जाता है। उपरोक्त में वर्णित अनुरूपण संचिकाओं के परिणामस्वरूप कम्प्यूटर के जो पर्यावरणीय चर निर्मित होते हैं वे इस प्रकार के होते हैं -

```
TMP=C:\WINDOWS\TEMP
PROMPT=$p$g
```

WINBOOTDIR=C:\WINDOWS

COMSPEC=C:\WINDOWS\COMMAND.COM

PATH=C:\WINDOWS;C:\WINDOWS\COMMAND;C:\DOS;C:\CPLUS\BIN

TEMP=C:\WINDOWS\TEMP

WINDIR=C:\WINDOWS

इनके आशय ऊपर में चर्चा के विषय रहे हैं अतः अर्थ स्पष्ट हैं।

अभ्यास :

1. अपने कम्प्यूटर पर डौस प्रॉम्प्ट पर सैट अधिदेश दीजिये। प्रत्युत्तर में जो सूचना प्राप्त होती है, उसे स्पष्ट कीजिये।

2. अपने कम्प्यूटर पर एक आभासी चकती के निर्माण की व्यवस्था कीजिये।

3. अपने कम्प्यूटर को की दोनों समाकृत्यन संचिकाओं को प्राप्त कर उनके विवरण लिख लीजिये। इसके बाद कम्प्यूटर को स्कैनडिस्क अधिदेश दीजिये। इस अधिदेश की पूरी कार्यवाही समाप्त हो जाने के बाद पुनः दोनों संचिकाओं को पढ़िये तथा अन्तरों का स्पष्ट कीजिये।

प्रश्नमाला :

निम्नलिखित पर टिप्पणियाँ लिखिये –

1. कम्प्यूटर समाकृत्यन,
2. प्रॉम्प्ट चिन्ह स्वरूप,
3. आभासी चकती,
4. स्मृति सांगोपादयन

5

डेटा संरचना

सभी प्रकार की सूचनाओं को अनवरत पाठ्य के रूप में प्रस्तुत किया जा सकता है किन्तु इससे उनमें से विशिष्ट प्रयोजन की सूचनायें खोजने के लिये पूरे पाठ्य को अवक्षिन्न करना आवश्यक होगा। वर्णनात्मक सूचनाओं को अंकित करने का तो यही एक माध्यम है जिसे शीर्षकों, उपशीर्षकों एवं परिच्छेदों के माध्यम से विभाजित कर दिया जाता है। इससे वांछित सूचना पाने के लिये पूरे वर्णन को अवक्षिन्न करने की आवश्यकता नहीं होती।

जब सूचनाओं की संख्या विशाल हो तथा प्रत्येक सूचना एक या कुछ शब्दों की ही हो, तब भी उपरोक्त संक्रिया को ही विकसित रूप में उपादयित किया जाता है। इस विकसित स्वरूप को ही **डेटा स्ट्रक्चर** अथवा **आधर संरचना** कहा जाता है। कम्प्यूटरीकरण के उद्देश्य से आधर संरचना का अभीष्टीकरण कर दिया गया है।

सूचना की प्रत्येक इकाई को एक **आधर** अर्थात **डेटम** कहा जाता है। प्रायः प्रत्येक सार्थक सूचना अनेक आधरों का समूह होती है। जैसे यदि हम कहें मोहन तो यह एक व्यक्ति का नाम है किन्तु सार्थक सूचना नहीं है, यह व्यक्ति की पहचान कराने में असमर्थ है क्योंकि यह उसकी पहचान का मार्ग नहीं दर्शाती । इस सूचना को एक आधर अर्थात् डेटम कहा जाता है।

मोहन नामक व्यक्ति की पहचान हेतु उसकी आयु - 16 वर्ष, वेशभूषा-श्वेत, स्थान-वृक्ष के समीप आदि सूचनाएँ प्रदान करके करा सकते हैं। इनके आधार पर व्यक्ति को व्यक्ति समूह में से पहचाना जा सकता है क्योंकि प्रायः सभी व्यक्तियों की सभी सूचनाएँ एक समान नहीं होतीं। इस प्रकार के आधर समूह

मोहन, 16 वर्ष, श्वेत वस्त्र, वृक्ष समीप

को एक **रिकॉर्ड** अथवा **आसार** कहा जाता है तथा प्रतिसारों के समूह को **सूची - लिस्ट,** अथवा **तालिका - टेबिल** कहा जाता है। यह प्रतिसार तब तक सार्थक नहीं होता जब तक कि इसके क्षेत्रों नाम ज्ञात न हों। इसलिये सूची को क्षैतिज पंक्तियों तथा ऊर्ध्व स्तंभों में व्यवस्थित करके रखा जाता है तथा प्रत्येक स्तम्भ के शीर्ष पर क्षेत्र का नाम अंकित कर दिया जाता है। इससे प्रत्येक **प्रतिसार** के आधरों का परिचय प्राप्त हो जाता है। प्रत्येक पंक्ति में एक **प्रतिसार** होता है तथा प्रत्येक स्तंभ में प्रतिसारों के समकक्षी आधर रखे जाते हैं। जैसे कि अनेक व्यक्तियों की सूचनाएँ इस प्रकार सूचीकृत की जा सकती हैं -

नाम	**वय**	**वस्त्र**	**स्थान**
मोहन	16 वर्ष	श्वेत,वस्त्र	वृक्ष समीप
राधा	20 वर्ष	लाल साड़ी	कार्यालय
राधेमोहन	10 वर्ष	पीला कुर्ता	कक्षा-5

सूची के प्रत्येक स्तंभ को एक **क्षेत्र - फील्ड** कहा जाता है जिसे - एक विशिष्ट नाम दिया जाता है जो स्तंभ में अंकित सूचनाओं का परिचायक होता है। इस क्षेत्र नाम को सूची की प्रथम पंक्ति में संबंधित स्तंभ के शीर्ष पर अंकित किया जाता है।

यदि सूचना संगृह अति विशाल है तो इसे एक ही सूची में अंकित करना असुविधाजनक हो सकता है। इसके लिये अभिलक्षित वस्तुओं को वर्गीकृत करके प्रत्येक वर्ग की पृथक सूची निर्मित की जाती है तथा प्रत्येक सूची को एक संचिका नाम से सुरक्षित किया जाता है। जैसे व्यक्तियों को छात्र, श्रमिक, अध्यापक, व्यापारी आदि वर्गो में विभाजित किया जा सकता है। इससे दूसरा बड़ा लाभ यह है कि प्रत्येक वर्ग के सदस्यों की पहचान के लिये पृथक क्षेत्र निर्धारित किये जा सकते हैं जो वर्ग की विशिष्टताओं पर आधाारित हों। इससे पहचान में सुविधा तथा क्षेत्रों की संख्या में कमी हो सकती है। विश्व की प्रत्येक सूचना का अर्थ संदिग्धता को समाप्त कर निश्चयता प्रदान करना होता है अत: कम्प्यूटरी डेटा में भी केवल उन्ही क्षेत्रों को चुना जाता है जो अभिलक्ष्य को सुनिश्चित रूप से इंगित कर सकें।

उपरोक्त विवरण को संक्षेप में इस प्रकार कहा जा सकता है - संपूर्ण सूचनाओं को अभिलक्ष्यों के आधार पर वर्गीकरण करके प्रत्येक वर्ग की एक संचिका बनाई जाती है। प्रत्येक संचिका अनेक पंक्तियों तथा स्तंभों की तालिका होती है। प्रत्येक स्तंभ का एक शीर्षक होता है जिसे डेटा का एक क्षेत्र कहते हैं : तालिका की प्रत्येक पंक्ति में एक विशेष अस्ति की वांछित सूचनाएँ होती हैं जिन्हें संयुक्त रूप से एक रिकॉर्ड अथवा **आसार** कहा जाता है। प्रत्येक **आसार** को क्षेत्रों में विभाजित होता है। प्रत्येक क्षेत्र में अस्तियों की समकक्षी सूचनाएँ होती हैं। इसके अनुसार डेटा की एक सूची उदाहरण स्वरूप आगे दी गई है।

इस प्रकार की डेटा संचिकाओं के निर्माण तथा उनकी सूचनाओं के संस्कारण के लिये उपादयन प्रोग्राम उपलब्ध हैं जिनमें डीबेस, फोक्सप्रो तथा एक्सैस प्रमुख हैं। डीबेस तथा फॉक्सप्रो डॉस तथा विन्डोज आधारित दोनों प्रकार के संस्करणों में उपलब्ध हैं जबकि एक्सैस केवल विण्डोज पर आधारित है। आगे हम डॉस आधारित फॉक्सप्रो के माध्यम से डेटा संरचना, संगृहण तथा संस्कारण की चर्चा करेगें।

फॉक्सप्रो

फॉक्सप्रो डेटा संस्कारण का एक समर्थ एवं लोकप्रिय प्रोग्राम है, साथ ही यह एक प्रोग्रामिंग भाषा भी है। इसे सामान्यत: इसी नाम की निदेशिका में संस्थापित किया जाता है तथा इसकी मुख्य कार्यकारी संचिका का नाम भी यही होने के कारण प्रोग्राम का सकर्मण अधिदेश भी यही है।

इसमें डेटा संरचना को **टेबिल** अथवा **तालिका** तथा संबन्धित तालिकाओं की समष्टि को **कैटालॉग** अर्थात **सारिणी** कहा जाता है। प्रोग्राम को चालू करने पर कुछ क्षण के प्रोग्राम बैनर के बाद नीचे दिखाये चित्र के अनुसार प्रदर्श उपस्थित होता है :-

यह प्रदर्श परिचारक को दो विकल्प प्रस्तुत करता है। इसकी प्रथम पंक्ति में मुख्य **मेन्यू बार** है जिसकी सहायता से परिचारक अपना कार्य प्रारंभ कर सकता है, अथवा नीचे दिये गये आयत की सहायता से उस **कैटालॉग** को चुन सकता है जिसमें परिचारक को कार्य करना हो, अथवा नया **कैटालॉग** बना सकता है। हम दूसरे विकल्प का उपयोग करेंगे।

संचिका कक्षा - दस **संचिका नाम**

क्रमांक	छात्र का नाम	विशिष्टता	अभिरूचि	प्रिय विषय
1.	महेश	दहाड़ता स्वर	गायन	हिन्दी
2.	मोहन	सबसे छोटा	कुश्ती	गणित
3.	मेधा	सर्व सुन्दरी	चित्रकला	विज्ञान
4.	नेहा	अति दुर्बल	अध्ययन	नागरिक शास्त्र
5.	सरोज	नटखट	भोजन	गृह विज्ञान
6.	मुकेश	विशालकाय	नाटक	अंग्रेजी
7.	अनिल	सौम्य	कविता	रसायनिकी
8.	पवन	सौष्ठव	संगीत	इतिहास
9.	ईश्वर	क्रोधी	दौड़	चित्रकला

क्षेत्र शीर्षक

एक आसार

एक क्षेत्र

इसके बाँये भाग में दिये गये आयत में प्रोग्राम चुनी गई संचाली तथा निदेशिका की निदेशिकाओं तथा संचिकाओं की सूची प्रस्तुत करता है। दाँये सबसे ऊपर के आयत में क्लिक करने से संचाली का चुनाव होता है, तथा उसके नीचे के आयत से निदेशिका चुनी जाती है। इससे बाँये आयत में वर्तमान कैटालॉगों की सूची प्रस्तुत होती है जिसमें से वांछित कैटालॉग को चुना जाता है। इसके बाद दाँये नीचे के विकल्पों में से **ओपन** को चुनकर चुने गये कैटालॉग को सक्रिय किया जाता है। यदि नये कैटालॉग में कार्य प्रारंभ करना हो तो **न्यू** अधिदेश को चुना जाता है।

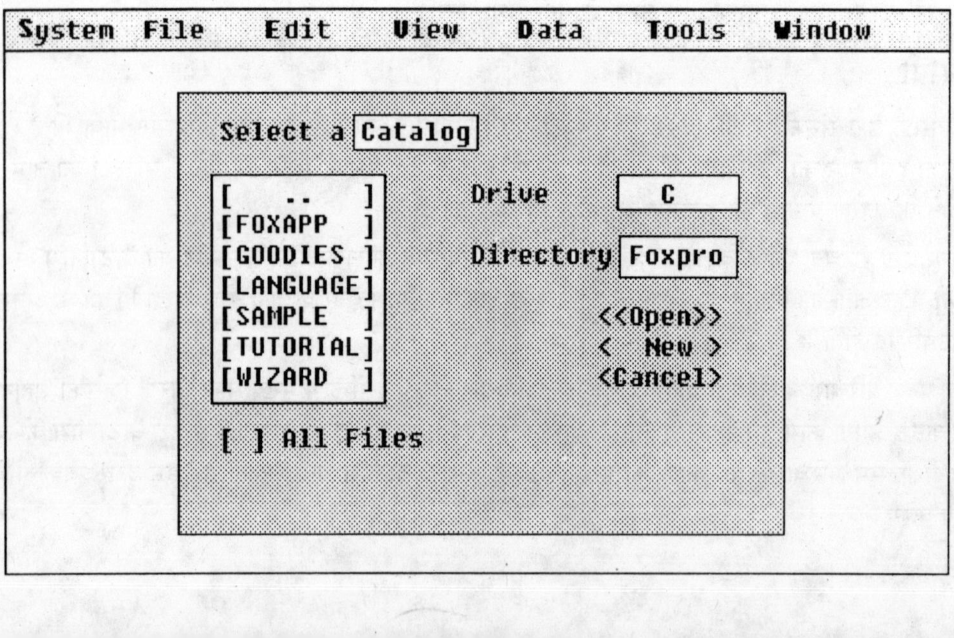

```
System  File    Edit    View    Data    Tools   Window

                    Catalog Manager
<Browse> Active Table/Query : <filename>         <Help>

                           <Auto Screen><Auto Report>

 Table   Query   Screen   Report   Language   Program

                                        <  Add   >
                                        <  New   >
                                        <Modify>
                                        <  Use   >

 Description :

 Catalog : <CatalogName>
```

इसके बाद एक अन्य प्रदर्श उपस्थित होता है जिसे **कैटालॉग मैनेजर** नाम दिया गया है। इसका स्वरूप निम्नांकित प्रकार का होता है –

इसमें सबसे नीचे पिछले चरण में चुने गये कैटालॉग का नाम होता है तथा इससे कार्यकारी संचिका का चुनाव किया जाता है। डेटा संचिका के लिये इसके विकल्प **टेबिल** को चुना जाता है। इससे कैटालॉग के अन्तर्गत संचिकाओं की सूची आयत में उपस्थित हो जाती है। यदि कार्य इनमें से किसी संचिका में करना हो तो उस संचिका को चुना जाता है। इसके बाद अधिदेशात्मक विकल्प का चुनाव किया जाता है, इन चार उपलब्ध विकल्पों के उपयोग इस प्रकार हैं –

ऐड	आयत में से चुनी गई संचिका को किसी अन्य निदेशिका में प्रेषित करने हेतु,
न्यू	नई संचिका में कार्य करने के लिये,
मॉडिफाई	चुनी गई संचिका की संरचना में संशोधन करने हेतु,
यूज	चुनी गई संचिका में कार्य करने हेतु।

इनमें से विकल्प **न्यू** को चुनने पर एक संवाद आयत प्रस्तुत होता है जिसका रूवरूप पार्श्व दिया गया है। इसमें दो विकल्प हैं –

टेबिल विजार्ड : फॉक्सप्रो के **करामाती प्रोग्राम विजार्ड** की सहायता से तालिका संरचित करने के लिये,

न्यू टेबिल : अपने प्रयास से तालिका संरचना के लिये

इसके द्वितीय विकल्प को चुनने पर संचिका पथ – चकती, निदेशिका नाम, तथा संचिकानाम – नियतन हेतु प्रदर्श उपस्थित होता है। इसका स्वरूप इस अध्ययन के प्रथम स्वरूप जैसा ही होता है, बस सबसे नीचे संचिकानाम

अंकित करने के लिये एक अतिरिक्त पंक्ति होती है जिसमें परिचारक को संचिका पथ सहित नाम प्रदान करना होता है। संचिका का उपनाम **.डीबीएफ** फॉक्सप्रो द्वारा पूर्वनियत होता है। उपरोक्त विकल्पों में से **न्यू टेबिल** चुनने पर तालिका संरचना का प्रमुख प्रदर्श प्रस्तुत होता है –

इस के मध्य में बने आयत में प्रस्तावित डेटा तालिका के क्षेत्रों के नाम तथा अन्य विवरण देने होते हैं। इसके लिये नियम इस प्रकार हैं –

1. क्षेत्र नाम में अधिकतम 10 चरित हो सकते हैं, नाम के मध्य में कोई रिक्तस्थल नहीं होना चाहिये।

2. क्षेत्र तीन प्रकार के होते हैं – **चरित, सांख्यिक, तथा दिनांक।**

3. चरित प्रकार के क्षेत्र वे होते हैं जिन्हें किसी **गणितीय अनुकलन** के उपयोग में नही लेना होता। ये पूरी तरह वर्णात्मक, पूरी तरबह संख्यात्मक अथवा मिश्रित हो सकते हैं। प्रोग्राम इन्हें सरलतम क्षेत्र मानता है। इनमें अधिकतम चरित हो सकते हैं।

4. प्रोग्राम के लिये केवल वे क्षेत्र संख्यात्मक हाते हैं जिन्हें किसी अनुकलन में उपयोग किया जाना हो। ऐसे क्षेत्रों में दशमलव संख्या भी प्रदान करनी होती है। सांख्यिक क्षेत्र में 1 से 20 अंक तक हो सकते है।

5. दिनांक क्षेत्र का पूर्व नियत स्वरूप होता है जिसमें 8 चरित होते हैं। दिनांक का उपयोग **गणितीय अनुकलन** में किया जा सकता है।

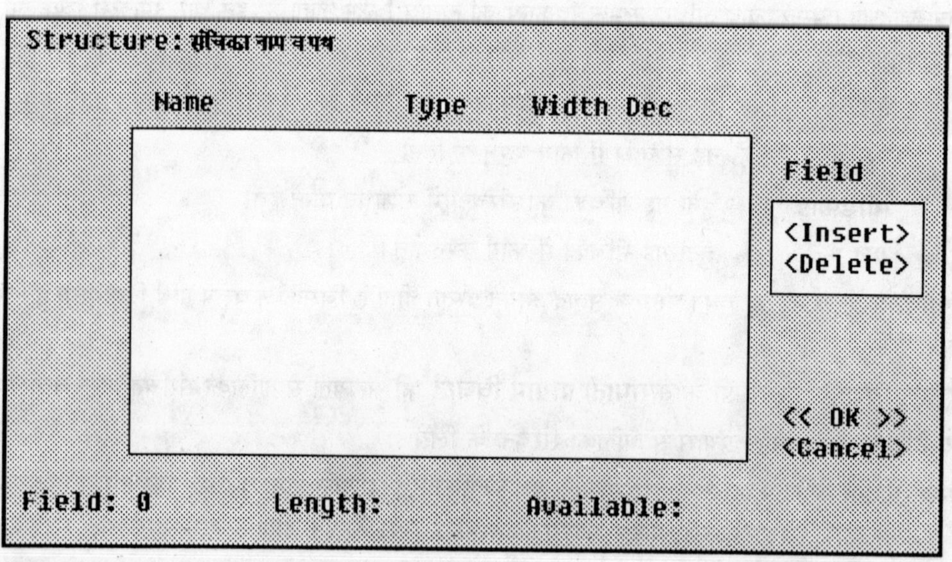

बाँये चित्र में चार क्षेत्रों के विवरण भरकर दिखाये गये हैं। किसी क्षेत्र की प्रविष्टि के पूर्व में यदि कोई क्षेत्र प्रविष्ट किया जाना हो तो करसर को क्षेत्र का पंक्ति में लाकर दाँयी ओर अंकित **इन्सर्ट** को चुनने से क्षेत्र के ऊपर एक रिक्त पंक्ति बन जाती है, इसमें नये क्षेत्र की प्रविष्टि की जा सकती है।

Name	Type	Width	Dec
STUNAME	Character	25	
STUCLASS	Numeric	2	0
STUDBIRTH	Date	8	
STUHEIGHT	Numeric	3	1

जब सब क्षेत्र सूचनाएँ सटीक प्रतीत हों तब **ओ के** को चुनने से तालिका प्रोग्राम द्वारा स्वीकार कर ली जाती है। इस पर प्रोग्राम एक अन्य संवाद आयत प्रस्तुत करता है –

Input Data Records Now ?

<<Yes>> <<No>>

डेटा की प्रविष्टि हेतु **यस** को चुनने से डेटा प्रविष्टि के **रूपत्र** प्रस्तुत होता है जिसमें बाँयी ओर एक स्तंभ में क्षेत्रों के नाम अंकित होते हैं जिनमें से प्रत्येक के समक्ष निर्दिष्ट चरित संख्या के अनुसार स्थल आकृत होता है जिसमें परिचारक सूचनाओं की प्रविष्टि कर सकता है। उपरोक्त तालिका संरचना के लिये प्रविष्ट डेटा को मेन्यूबार से **ब्राउज** को चुनकर सुविधापूर्वक देखा जा सकता है, तथा ईक्षायित किया जा सकता है। **ब्राउज** प्रदर्श का स्वरूप निम्नांकित प्रकार का होता है –

STUNAME	STUCLASS	STUDBIRTH	STUDHT
Menaka Chauhan	11	12/30/75	150.50
Surabhi Sahgal	12	03/06/74	165.00
Tulika Prasad	10	11/25/76	155.50
Gargi Vatsayan	12	01/01/74	170.00
Saraswati Vidushi	12	12/15/75	167.00
Bharati Acharya	10	03/10/76	150.50

इस डेटा को क्षात्रनाम वर्ण, कक्षा, जन्मतिथि, अथवा ऊँचाई के सापेक्ष बढ़ते अथवा घटते क्रम में व्यवस्थित किया जा सकता है, किसी विशेष प्रकार की प्रविष्टियों को प्रथक किया जा सकता है, अथवा किसी क्षेत्र की सूचनाओं क आधार पर नये क्षेत्र की सूचनाएँ निमिँत की जा सकती हैं।

अभ्यास :

अपने कम्प्यूटर पर फॉक्सप्रो में अपनी कक्षा के क्षात्रों की उनके पितानाम, पता, जन्मतिथि के विवरणों के साथ तालिका बनाइये। इस तालिका में मॉडिफाई स्ट्रक्चर अधिदेश से एक नया क्षेत्र क्षात्रवय जोड़िये। अधिदेश सॉर्ट से सूची को वर्णमालाक्रम में व्यवस्थित कीजिये।

प्रश्नमाला :

1. फॉक्सप्रो के एडिट तथा ब्राउज प्रदर्शों का अन्तर स्पष्ट करते हुए दोनों की उपादेयता समझाइये।

2. फॉक्सप्रो सहायता से इसके कनफिगरेशन के बारे में जानकारी प्राप्त कीजिये तथा अपने कम्प्यूटर को पुनर्व्यवस्थित कीजिये।

6
प्रोग्रामिंग - फॉक्सप्रो

फॉक्सप्रो डेटा-संस्कारण का एक सशक्त साधन होने के साथ-साथ एक समर्थ उच्चस्तरीय कम्प्यूटर भाषा भी है जिसमें मूलत: उन्ही अधिदेशों का उपयोग होता है जो फॉक्सप्रो द्वारा डेटा संस्कारण में उपयोग किये जाते हैं। फॉक्सप्रो भाषा अधिदेशों की लम्बी श्रृंखला है जिन सभी पर इस पुस्तक में चर्चा संभव नहीं है। इसके लिये फॉक्सप्रो उपग्रन्थ से प्रसंग प्राप्त किये जा सकते हैं। फॉक्सप्रो का सहायता प्रोग्राम भी इसके लिये उपादेयी सिद्ध होता है।

स्मृति चर - मेमोरी वैरियेबिल

फॉक्सप्रो अधिदेशों में स्मृति चरों के उपयोग से जटिल स्थितियों को सुलझाने में सुविधा होती है। आवश्यक सूचनाएँ यद्यपि चकतियों पर सुरक्षित रहती हैं किन्तु इन्हें वहाँ से बार-बार प्राप्त करने में बहुत समय लगता है। इसलिये जिन सूचना तत्त्वों का प्रोग्राम में बार बार उपयोग होना हो, उन्हें संक्षिप्त नाम देकर कम्प्यूटर स्मृतिपटल पर अंकित कर लिया जाता है। इन नामों को चर कहते हैं क्योंकि इनके मान प्रोग्राम के धावन में परिवर्तित होते रहते हैं।

फॉक्सप्रो में चर नाम क्षेत्र नामों की तरह ही अधिकतम 10 चरितों तक के हो सकते हैं, इनका प्रारंभ किसी वर्ण से ही होना चाहिये, तथा इनमें अधोबट संकेत (_) के अतिरिक्त किसी अन्य चिन्ह का उपयोग नहीं किया जा सकता और न ही कोई रिक्ति छोड़ी जा सकती है।

फॉक्सप्रो में चरों को दो वर्गों में रखा जाता है - प्राइवेट तथा पब्लिक। प्राइवेट चर केवल उसी प्रोग्राम में उपयोज्य होते हैं जिनमें उन्हें घोषित किया जाता है। पब्लिक चर अन्य प्रोग्रामों द्वारा भी उपयोज्य होते हैं। इन वर्त्यों की घोषणा निम्नलिखित प्रकार से की जाती है -

```
PRIVATE var1, var_2, raj_hans4
PUBLIC a40, b_75, debit, raj_kamal
```

इस प्रकार की घोषणा के पश्चात ही घोषित चर को मान प्रदान किया जा सकता है। फॉक्सप्रो में चर मान प्रदान करन के दो उपाय हैं। एक में इस लिये **स्टोर** अधिदेश का उपयोग किया जाता है, तथा दूसरे में बराबर के चिन्ह का, जैसे

```
STORE 25 TO raj_kamal
raj_kamal = 25
```

अधिदेश राज कमल नामित स्मृतिस्थल में 25 संख्या को अंकित करेंगे। इस मान को

?raj_kamal

अधिदेश से ज्ञात किया जा सकता है। स्मृति चरों को प्रोग्राम में किसी भी स्थान पर प्रतिकृत व पुनर्प्रतिकृत किया जा सकता है। एक बार का प्रतिकृतन तब तक पराभवी रहता है जब तक कि उसे पुनः प्रतिकृत नहीं किया जाता। स्मृति चरों को तीन प्रकार के मान प्रदान किये जाते हैं :- सांख्यिक - जिनपर अनुकलन किया जा सके, वर्णसांख्यिक - जिन्हें यथावत उपयुक्त किया जाना हो, तथा दिनांकीय - इन्हें भी अनुकलन में उपयोग किया जा सकता है। सांख्यिक मानों को मूल स्वरूप में ही अंकित किया जाता है। वर्णसांख्यिक मानों को **विमर्यादकों - डिलिमिटर्स** के मध्य रखा जाता है। इसी प्रकार दिनांकीय मान को इसके नियत स्वरूप में घुंघर कोष्ठकों में रखा जाता है, जैसे -

```
raj_kamal = 25
raj_kamal = "Om Namoh Shivaya"
raj_kamal = {09/28/99}
```

उपप्रोग्राम

उपप्रोग्रामों का उपयोग मुख्य प्रोग्राम द्वारा तीन उद्देश्यों के लिये किया जा सकता है -

- आकार बड़ा होने पर खण्डित करने के लिये,
- किसी एक या अनेक बार बार उपयोग मे आने वाली संविधियों के लिये, तथा
- विशेष क्रियाओं, जैसे गणितीय क्रियाओं, के लिये।

तीनों स्थितियों के लिये फॉक्सप्रो में चार प्रावधान हैं जिनकी कार्यप्रणाली में कोई विशेष अन्तर नहीं है, के वल नामकरण का अन्तर है।

कः प्रोग्राम

किसी भी फॉक्सप्रो प्रोग्राम को एक प्रोग्राम संचिका के रूप में सुरक्षित करके उसका उपयोग किसी अन्य प्रोग्राम में डू अधिदेश से किया जा सकता है। इस प्रकार की एक संचिका में एक ही प्रोग्राम होना चाहिये।

खः संविधि - प्रोसीजर

संविधियाँ भी प्रोग्राम की ही तरह होती हैं बस उनका स्वरूप इस प्रकार का होता है -

```
PROCEDURE <procedure name>
        [PARAMETERS <parameter list>]
        commands
RETURN
```

इस प्रकार की संविधि को एक प्रोग्राम संचिका में संगृहित किया जाता है। इसे

```
SET PROCEDURE TO <procedure file>
```

अधिदेश से खोला जाता है तथा

```
DO <procedure name>
```

अधिदेश से उपयोग किया जाता है। उपयोग के पश्चात संविधि को

SET PROCEDURE TO

अथवा

CLOSE PROCEDURE <procedure file>

बन्द किया जाता है अन्यथा यह अनावश्यक रूप से स्मृतिपटल पर स्थान घेरे रहती है।

ग: संविधि कोश - प्रोसीजर लाइब्रेरी

संविधि कोश भी संविधि की तरह ही संगृहित किया जाता है किन्तु इसमें अनेक संविधियाँ हो सकती हैं। प्रत्येक संविधि का स्वरूप प्रथक होता है तथा प्रथक नाम होता है। संविधिकोश संचिका को

SET LIBRARY TO <library file name>

से खोला जाता है तथा इसकी संविधियों को

DO <procedure name>

अधिदेश से उपयोग किया जाता है। उपयोग के पश्चात संविधि कोश को

SET LIBRARY TO

से बन्द किया जाता है।

घ: कर्त्यन - फंक्शन

नित्यप्रति की भाँति ही कम्प्यूटर प्रोग्रामों में अनेक छोटी-छोटी संक्रियाओं की बहुधा आवश्यकता होती है। ऐसी प्रत्येक संक्रिया के लिये एक प्रथक प्रोग्राम बना लिया जाता है तथा इसे एक सुविधाजनक नाम दे दिया जाता है। ऐसे प्रत्येक प्रोग्राम को एक कर्त्यन अथवा फंक्शन कहा जाता है तथा नाम के बाद एक कोष्ठक युगल से दर्शाया जाता है। प्रोग्राम में जहाँ ऐसी किसी संक्रिया की आवश्यकता होती है, वहाँ समतुल्य कर्त्यन का उपयोग कर लिया जाता है। फॉक्सप्रो में भी इस प्रकार के एक सौ से अधिक कर्त्यन परिभाषित हैं। साथ ही उपयोक्ता द्वारा अपने लिये उपयोगी कर्त्यन परिभाषित करने एवं उनके उपयोग की सुविधा है। कत्यनों को भी संविधिकोश में संगृहित किया जाता है।

फाइल - संचिका अधिदेश

संचिकाएँ दो प्रकार की होती हैं - अधिदेशीय संचिका अथवा प्रोग्राम, तथा आधरीय संचिका अथवा डेटा। फॉक्सप्रो प्रोग्रामों में अधिदेशीय संचिकाओं के नाम से पूर्व कमाण्ड शब्द लगाया जाता है। संचिकाओं के उपयोग संबन्धी फॉक्सप्रो अधिदेश निम्नांकित हैं -

CREATE COMMAND <program filename> नई प्रोग्राम संचिका निर्माण हेतु,

MODIFY COMMAND <program filename> अस्तित्त्वी प्रोग्राम संचिका के संशोधन हेतु,

DO <program filename> प्रोग्राम संचिका के क्रियान्वयन हेतु,

CREATE <datafile> नई डेटा संचिका के निर्माण हेतु,

MODIFY FILE <datafile> डेटा संचिका में संशोधन हेतु,

USE <datafile> डेटा संचिका को उपयोग में लेने हेतु,

OPEN <datafile> डेटा संचिका को खोलने हेतु

EDIT <datafile> डेटा संचिका के ईक्षायन हेतु,

अनेक संचिका उपयोग

डेटा संस्कारण में बहुधा एक साथ अनेक संचिकाओं की आवश्यकता होती है। इसके लिये प्रत्येक संचिका को एक नामांकित कार्यक्षेत्र नियत किया जाता है तथा इसमें संचिका को **सेलेक्ट** अधिदेश से स्थापित किया जाता है। जैसे तीन संचिकाओं को एक साथ सक्रिय करने हेतु –

```
SELECT A
USE <file1>
SELECT B
USE <file2>
SELECT C
USE <file3>
```

इसके बाद किसी भी संचिका के उपयोग के लिये –

SELECT A, SELECT B, SELECT C

अथवा

SELECT <file1>, SELECT <file2>, SELECT <file3>

आदि अधिदेश दिया जाता है जो अधिदेशों

USE <file1>, USE <file2>, USE <file3>

आदि की तरह कार्य करते हैं।

डेटा रिकॉर्ड – आधर प्रतिसार अधिदेश

किसी विशेष डेटा प्रतिसार को लक्षित करने हेतु फॉक्सप्रो के निम्नांकित अधिदेश उपयोगी हैं –

GO/GOTO/GO TO <record no.> दी गयी संख्या के प्रतिसार को लक्षित करने हेतु,

SKIP <number> दी गयी संख्या में प्रतिसारों को छोड़कर आगे के प्रतिसार को लक्षित करने हेतु, यदि कोई संख्या न दी हो तो एक प्रतिसार को छोड़ा जाता है।

LIST [<fields list>][<scope>][FOR <condition>][TO <destination>]

यह एक समागृही अर्थात कम्प्रेहेन्सिव अधिदेश है जिसमें चार वैकल्पिक अभियोजी हैं जो इसे विस्तार तथा विवेक शक्ति प्रदान करते हैं। यह सूची से स्कोप द्वारा निधारित प्रतिसारों में से दी गयी कसौटी के अनुसार प्रतिसारों का चयन कर फील्ड लिस्ट के अनुसार वांछित क्षेत्रों को डेस्टीनेशन उपचय को प्रेषित करता है। जैसे निम्नांकित STUDENTS सूची के लिये इस अधिदेश को अनेक रूपों में उपयुक्त किया जा सकता है –

STUDENTS

STUNAME	STUCLASS	STUDBIRTH	STUDHT
Menaka Chauhan	11	12/30/75	150.50
Surabhi Sahgal	12	03/06/74	165.00
Tulika Prasad	10	11/25/76	155.50
Gargi Vatsayan	12	01/01/74	170.00
Saraswati Vidushi	12	12/15/75	167.00
Bharati Acharya	10	03/10/76	150.50

USE STUDENTS

LIST FIELD STUNAME, STUDHT

- पूरी सूची के केवल दो क्षेत्रों को प्रदर्शित करने हेतु,

LIST STUNAME, RECORD 1 TO 4

- प्रथम चार प्रतिसारों के क्षात्रनामों को दर्शाने हेतु,

LIST STUCLASS, STUDHT FOR STUDBIRTH < {12/31/76}

- पूरी सूची से उन क्षात्रों की कक्षा तथा ऊँचाई दर्शाने के लिये जिनकी जन्मतिथि 31 दिसम्बर 76 से कम है,

LIST "TULIKA PRASAD" TO PRINTER

- क्षात्र तूलिका प्रसाद के पूरे विवरण मुद्रित करने हेतु,

LIST STUCLASS > 11 AND STUDHT < = 165

- पूरी सूची से उन क्षात्रों के पूरे बिवरण दर्शाने के लिये जो कक्षा 11 से बड़ी कक्षा में हैं तथा जिनकी ऊँचाई 165 के बराबर अथवा कम है।

उपयोक्ता अन्तरप्राक्ष - यूज़र इण्टरफेस

फॉक्सप्रो में प्रोग्राम के क्रियान्वयन में उपयोक्ता के साथ संवाद स्थापित करने के पर्याप्त उपाय हैं। इनके विवरण इस प्रकार हैं -

एक्सैप्ट अधिदेश :

उपयोक्ता से पूछे जाने वाले प्रश्न को तथा बाद में उसके उत्तर को एक स्मृति चर में संचित कराने के लिये इस अधिदंश का उपयोग किया जाता है। इसका विन्यास निम्नांकित है -

ACCEPT [<prompt>] TO <memvar>

ACCEPT TO <memvar>

इसमें प्रॉम्प्ट के स्थान पर उपयोक्ता से पूछे जाने वाले प्रश्न को तथा मेमवार के स्थान पर उस चर नाम को लिखा जाता है जिसमें प्रश्न तथा उत्तर को संगृहित करना हो। इसमें प्राप्त उत्तर को वार्णिक वर्ग का माना जाता है जिससे उसे किसी अनुकलन में उपयुक्त नहीं किया जा सकता। इसमें प्रश्न का अंकित किया जाना प्रतिबद्ध नहीं है, इसे रिक्त रखा जा सकता है। ऐसी स्थिति में उपयोक्ता से बिना उद्योत के ही प्रविष्टि की आशा की जाती है। जैसे -

ACCEPT what is your name? TO name

अधिदेश प्राप्तनाम को नेम नामक स्मृति चर में संगृहित करेगा।

इनपुट अधिदेश :

यह अधिदेश एक्सैप्ट की तरह ही कार्य करता है किन्तु उत्तर को वर्णात्मक वर्ग में न रखा जाकर उसे समुचित वर्ग में रखा जाता है जिससे उसका उपयोग अनुकलन में किया जा सकता है।

वेट अधिदेश : WAIT

यह अधिदेश भी उपरोक्त दो अधिदेशों की तरह ही है किन्तु इसकी दो विशेषताएँ हैं - इसमें स्मृति चर नाम देने की भी प्रतिबद्धता नहीं है, तथा इसमें उपयोक्ता केवल एक कुंजीदोल से ही अपना उत्तर दे सकता है। इस अधिदेश को उपयोक्ता से ऐसे प्रश्न किये जाते हैं जिनके उत्तर हाँ, ना में दिये जा सकें। इस कारण से यदि क्रमशयक प्रश्न न अंकित करे तो फॉक्सप्रो अपनी ओर से यह अभीष्ट निर्देश देता है -

PRESS ANY KEY TO CONTINUE......

इस प्रकार इस अधिदेश का विन्यास इस तरह का होता है -

WAIT [<prompt>] TO [<memvar>]

WAIT do you want to quit this program?

निर्णणात्मक अधिदेश

फॉक्सप्रो में दो निर्णयात्मक अधिदेश हैं, एक दो विकल्पों में से एक को चुनने के काम आता है जबकि दूसरा अनेकों में से एक विकल्प को चुनने का कार्य करता है।

यदि.....तब........अन्यथा.......यद्यान्त IF..... THEN...... ELSE...... ENDIF

इस अधिदेश के उपयोग के लिये एक कसौटी चुनी जाती है, तथा स्थिति को इस कसौटी पर परखा जाता है। स्थिति के अनुकूल पाये जाने पर एक विकल्प को अन्यथा अन्य विकल्प को चुना जाता है। इस.प्रकार इस अधिदेश का स्वरूप निम्नांकित प्रकार का होता है -उदाहरण के लिये, पूर्व में दी गयी स्टूडेण्ट्स सूची को वर्णमालानुसार करने के लिये हम एक प्रोग्राम इस प्रकार का बना सकते हैं -

```
USE STUDENTS
GOTO RECORD 1
STORE ASC(STUNAME) TO MEMVAR1
SKIP
IF ASC(STUNAME) < MEMVAR1
     THEN
            TRANSPOSE RECORDS (1 AND 2)
ENDIF
STORE ASC(STUNAME) TO MEMVAR1
SKIP
IF ASC(STUNAME) < MEMVAR1
     THEN
            TRANSPOSE RECORDS (2 AND 3)
ENDIF
 STORE ASC(STUNAME) TO MEMVAR1
SKIP
IF ASC(STUNAME) < MEMVAR1
     THEN
            TRANSPOSE RECORDS (3 AND 4)
ENDIF
.................
```

जहाँ **एएससी** फाक्सप्रो का अभीष्ट **कर्त्यन** है जो लक्षित शब्द के प्रथम वर्ण का आस्की मान प्रदान करता है, तथा ट्रान्सपोज़ एक उपयोक्ता द्वारा परिभाषित **कर्त्यन** - फंक्शन है जो लक्षित प्रतिसारों की अदला-बदली करता है। इस प्रकार हम प्रत्येक दो आसारों के लिये इसी प्रकार के कदमों से आगे बढ़ते जाते हैं जब तक कि हम अन्तिम आसार पर नहीं पहुँच जाते। दी गई सूची में 9 आसार होने के कारण हमें एक ही प्रकार के कदमों को आठ बार दोहराना पड़ता है। इसलिये यह प्रोग्राम व्यावहारिक नहीं है, केवल उदाहरण के लिये चुना गया है। इस प्रकार के अव्यवहारिक उदाहरण का महत्त्व आगे स्पष्ट होगा।

इस प्रोग्राम के प्रत्येक चरण में निम्नलिखित क्रियाएँ की जाती हैं -

-प्रोग्राम एक आसार पर जाता है,

-इस आसार से क्षात्रनाम के प्रथम वर्ण का आस्की मान ज्ञात करके स्मृति चर में संगृहित करता है,

-अगले आसार पर जाता है,

-इस आसार से क्षात्रनाम के प्रथम वर्ण का आस्की मान ज्ञात करके स्मृति चर मान से तुलना करता है,

-यदि यह मान न्यून पाया जाता है,

-तब वर्तमान तथा इसके पूर्ववर्ती आसारों की स्थितियों की अदला-अदली करता है,

-अन्यथा कुछ न करके कसौटी परीक्षण का बन्द करता है,

-वर्तमान आसार के क्षात्रनाम का आस्की मान ज्ञात कर इसे स्मृति चर में संगृहित करता है,

-अगले आसार पर जाता है,

इन क्रियाओं को प्रत्येक प्रतिसार-युगल पर उपादित करने के बाद पुनः-पुनः संपूर्ण प्रोग्राम को सूची पर क्रियान्वित करने की आवश्यकता होती है, तभी सूची वर्णमालानुसार व्यवस्थित हो पाती है।

कथा क्रिया ..... कथा अन्त

DO CASE........END CASE

जहाँ कसौटी परीक्षण के परिणाम दो होते हैं वहाँ यदि....तब......अन्यथा शास्त सरलता से उपादयित किया जा सकता है किन्तु कसौटी परिणाम दो से अधिक होने पर यदि...तब...अन्यथा शास्त को बार बार उपादयित करने की आवश्यकता होती है। इससे बचने के लिये **DO CASE........END CASE** अधिदेश समूह उपयोगी सिद्ध होता है। इसमें कथा के अनेक मानों के प्रति भिन्न क्रियाओं का प्रावधान होता है। इस अधिदेश का स्वरूप निम्नलिखित प्रकार का होता है -

```
DO CASE
      CASE <condition1>
            statements1
      [CASE <condition2>
            statements2]
      .......
      [CASE <conditionN>
            statementsN]
      [OTHERWISE
            statements]
END CASE
```

इस प्रकार इस अधिदेश में सभी संभव विकल्पों की कसौटियाँ नियत की जा सकती हैं। इसमें DO CASE., END CASE के अतिरिक्त केवल एक कसौटी तथा उससे संबद्ध क्रियाएँ देने की प्रतिबद्धता होती है, अन्य कसौटियाँ तथा उनसे संबद्ध क्रियाएँ ऐच्छिक हैं।

पाश क्रियाएँ - LOOPING ACTIONS

हम जानते ही हैं कि पाश क्रियाओं का उपयोग किसी एक क्रिया अथवा क्रियासमूह के बार बार किये जाने हेतु किया जाता है। फॉक्सप्रो में इसके लिये दो अधिदेश हैं -

जबतक क्रिया.....अन्त

DO WHILE.....ENDDO

इस अधिदेश का सामान्य स्वरूप इस प्रकार है –

```
DO WHILE <condition>
            commands
    [LOOP]
    [EXIT]
ENDDO
```

इसमें कसौटी के सत्य पाये जाने पर इसके बाद दिये गये अधिदेशों का क्रियान्वयन होता है तथा ऐसा तब तक होता रहता है जब तक कि कसौटी सत्य रहती है। अत: अधिदेशों के क्रियान्वयन के बाद प्रोग्राम पीछे लौटता है तथा कसौटी का परीक्षण करता है। जब कसौटी परीक्षण असत्य पाया जाता है तब प्रोग्राम **ऐण्डडू** के बाद के कथन पर चलाजाता है। इस क्रियान्वयन को एण्डडू से पूर्व **लूप** अधिदेश देकर प्रोग्राम को वापिस **डू व्हाइल** पर भेजा जा सकता है अथवा **ऐक्जिट** अधिदेश देकर ऐण्डडू के बाद भेजा जा सकता है। यह नीचे के उदाहरण से स्पष्ट होगा।

पीछे एक उदाहरण में हमने एक सूची को वर्णमालानुसार व्यवस्थित करने हेतु एक क्रिया समूह को बार-बार दोहराया था। प्रस्तुत अधिदेश इस कार्य के लिये समुपयुक्त है। उसकी तुलना में हमारा नया प्रोग्राम इस प्रकार का होगा-

```
USE STUDENTS
GOTO TOP
STORE 1 TO N
DO WHILE NOT EOF('STUDENTS')
    GOTO N
    STORE ASC(STUNAME) TO MEMVAR1
    GOTO TOP
    DO WHILE NOT EOF('STUDENTS')
        SKIP
        IF ASC(STUNAME) < MEMVAR1
        THEN
            TRANSPOSE RECORDS ( N+1, N)
        ENDIF
    ENDDO
    N=N+1
ENDDO
```

जिसमें एन गणित्र का कार्य करता है। यह प्रोग्राम दी गई क्रियाओं को संचिका का अन्त आने तक दोहरायेगा किन्तु इसके लिये ट्रान्सपोज कर्त्यन पूर्वपरिभाषित होना चाहिये।

अन्वीक्षा क्रिया.....अन्वीक्षान्त

SCAN.....ENDSCAN

डू व्हाइल अधिदेश प्रतिसारपरक है अत: सूची के विभिन्न प्रतिसारों के संस्कारण हेतु उसे स्किप जैसे अन्य अधिदेशों से संचालित करना होता है। इसके विपरीत अन्वीक्षा अधिदेश सूचीपरक है, यदि इसे किसी विकल्प से प्रतिबन्धित न किया जाए तो यह पूरी सूची के प्रतिसारों का एक एक करके उपचार करता है। इसका स्वरूप इस प्रकार है –

```
SCAN [<scope>][FOR <condition>][WHILE <condition>]
        commands
ENDSCAN
```

जिसमें **स्कोप**, **फॉर** तथा **व्हाइल** से प्रतिसाशें का चुनाव किया जाता है। इनका उपयोग न करने से सभी प्रतिसार चुन लिये जाते हैं। जैसे

```
SCAN FOR AGE > 16 WHILE CLASS >= 10
```

अधिदेश सूची से केवल उन प्रतिसारों को चुनेगा जिनमें **एज** क्षेत्र का मान 16 से कम हो तथा **क्लास** क्षेत्र का मान 10 का बराबर अथवा इससे अधिक हो। इन पर उन सभी अधिदेशों को उपादयित किया जाएगा जो इस अधिदेश के बाद तथा **एण्डस्कैन** अधिदेश से पहले हों।

इस आध्ययन को आगे बढ़ाने के लिये हम एक उदाहरण लेंगे जो एक विद्यालय में अध्यापकों के वेतन भुगतान व्यवस्था से संबन्धित है।

DATA FILE STRUCTURES

(A) FACULTY.DBF

TNAME	Character	20
EDUCTN	Character	15
INITIALS	Character	3
SUBJECT	Character	10
JOINDT	Date	8
JOINSAL	Numeric	8
CURSAL	Numeric	8
INCREDT	Date	8
INCREAMT	Numeric	8
BIRTHDT	Date	8
RETDT	Date	8
LVGDT	Date	8

(B) SALARIES.DBF

TNAME	Character	20
SALARY	Numeric	8
WORKDAYS	Numeric	2
LEAVES	Numeric	2
DEDUCTN	Numeric	8
SALDUE	Numeric	8
PAYDATE	Date	8

(C) FACHIST.DBF

TNAME	Character	20
EDUCTN	Character	15
INITIALS	Character	3
SUBJECT	Character	10
JOINDT	Date	8
JOINSAL	Date	8
CURSAL	Numeric	8
BIRTHDT	Date	8
LVGDT	Date	8

(D) PAYHIST.DBF

TNAME	Character	20
WORKDAYS	Numeric	2
LEAVES	Numeric	2
DEDUCTN	Numeric	8
SALDUE	Numeric	8
PAYDATE	Numeric	8

डेटा प्रविष्टि संविधि : -

वर्तमान फैकल्टी सदस्यों की सूचनाएँ **FACULTY** संचिका में रहती हैं। इसमें परिचालक केवल नये सदस्यों के विवरण तथा छोड़कर जाने वाले सदस्यों के क्षेत्र **LVGDT** जो मूलत: 0 होता है, में छोड़ने की दिनांक प्रविष्ट करता है, शेष कार्य कम्प्यूटर प्रोग्राम कर लेते हैं। **FACUPDT** संविधि प्रोग्राम प्रति माह वेतन अनुकलन के लिये इस संचिका में सदस्यों की नियमानुसार वेतनवृद्धि करता है। इसके बाद इन सूचनाओं को **SALARIES** संचिका को प्रेषित कर देता है, जो इससे पूर्व रिक्त होती है। इसके बाद यही संविधि इतिहासी संचिका **FACHIST** में छोड़कर जानें वाले सदस्यों के विवरण भेजता है तथा **FACULTY** संचिका से इनके नाम मिटा देता है। इससे अगले माह से इनके वेतनों का अनुकलन नहीं होता है।

```
PROCEDURE FACUPDT
    USE FACULTY
    GO TOP
    DO WHILE .NOT. EOF()
        IF INCREDT < DATE()
            REPLACE SALARY WITH (SALARY+INCREAMT);
                INCREDT WITH INCREDT+365
        ENDIF
        SKIP
    ENDDO
    USE SALARIES
    APPEND FROM FACULTY
    USE FACUHIST
    APPEND FROM FACULTY FOR LVGDT<>0
    USE FACULTY
    DELETE FOR LVGDT<>0
    PACK
    CLOSE DATABASES
RETURN
```

संविधि **SALDUE** परिचालक से माह के कार्यदिवसों की सूचना प्राप्त करके सभी अध्यापकों के वेतनों का अनुकलन करती है जिसके अनुसार वेतन भुगतान किया जाता है। यह इसलिये किया जाता है क्योंकि प्रत्येक माह में अवकाशों की संख्या भिन्न होती है जिससे कार्य दिवस संख्या भी भिन्न हो जाती है, जो वेतन अनुकलन का एक महत्त्वपूर्ण अवयव है।

```
PROCEDURE SALDUE
USE SALARIES
GO TOP
INPUT 'Please enter number of working days for salary month:'  TO N
DO WHILE .NOT. EOF()
REPLACE SALARY WITH (SALARY*(WORKDAYS+LEAVES)/N-DEDUCTIONS)
    SKIP
ENDDO
```

एक अन्य इतिहासीय महत्त्व की संचिका **PAYHIST** है जिसको वेतन भुगतान के विवरण संगृहित किये जाते हैं, यह कार्य **SALUPDT** संविधि द्वारा किया जाता है। इसके बाद यह संविधि **SALARIES** संचिका से सभी विवरण मिटा देती है।

```
PROCEDURE SALUPDT
    USE PAYHIST
    APPEND FROM SALARIES
    USE SALARIES
    ZAP
    CLOSE DATABASES
RETURN
```

अभ्यास :

1. पिछले अध्याय में बनाई क्षात्र तालिका में नये जोड़े गये क्षेत्र में प्रत्येक क्षात्र की वय अंकित करने हेतु एक प्रोग्राम बनाइये, इसे क्रियान्वित कीजिये।

2. अपनी कक्षा की समयतालिका की रचना के लिये एक प्रोग्राम बनाइये।

3. फॉक्सप्रो से अपनी पुस्तकों पर चिपकाने हेतु लेबल बनाने का एक प्रोग्राम बनाइये जिसमें इच्छानुसार किसी भी क्षात्र का नाम दिया जा सके।

7

कम्प्यूटर और हिन्दी

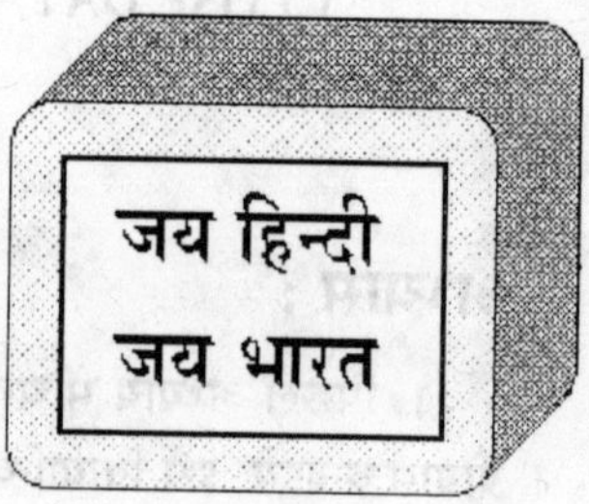

जैसा कि अब तक के अध्ययन से स्पष्ट है, कम्प्यूटर मूलत: केवल अपनी बाइनरी भाषा से ही परिचित होता है। अत: कम्प्यूटर से संपर्क बनाये रखने के लिये मूलत: बाइनरी अथवा मशीनी भाषा की आवश्यकता होती है। कम्प्यूटरों का विकास अमेरिका में होने के कारण इसके प्रयोग की विधियों का विकास भी मूलत: अंग्रेजी में ही हुआ। किन्तु विश्व कि अनेक विकसित देशों, जैसे चीन, जापान, फ्रांस, जर्मनी, आदि ने अपनी भाषाओं में कम्प्यूटर की उपयोग विधियों का विकास कर लिया है। यह भारत का दुर्भाग्य एवं भारतवासियों की निष्कर्मण्यता ही है कि हिन्दी में कम्प्यूटर सम्बन्धी कोई विशेष विकास नहीं हुए हैं।

कम्प्यूटर उपयोग से हिन्दी में पाठ्य लेखन का प्रथम प्रोग्राम अक्षर विकसित हुआ था जो डॉस पर आधारित होने के कारण अब अधिक उपयोग में नहीं आता है। हिन्दी में डेटा संस्कारण का प्रथम प्रोग्राम देवबेस है जो डीबेस की तरह का ही है। यह भी डॉस पर आधारित है एवं इसका परिमार्जन नहीं हुआ है। अत: इसका उपयोग भी कम ही होता है।

भारत सरकार के प्रतिष्ठानों ने भारतीय भाषाओं में कम्प्यूटरी पद्यतियों के विकास के लिये एक विशेष हार्डवेयर कार्ड विकसित किया है जिसे जिस्ट कार्ड कहा जाता है। किन्तु इसका प्रयोग भी लोकप्रिय नहीं हो पाया। आस्की की तरह ही भारतीय भाषाओं का मानक कूट इस्की भी विकसित किया गया है जिसके प्रचार- प्रसार पर समुचित ध्यान नहीं दिया जा रहा ।

कम्प्यूटरों के हिन्दी में उपयोग का सर्वाधिक उपयोगी माध्यम हिन्दी की मुद्राकृतियाँ अथवा फॉण्ट हैं जो विण्डोज द्वारा कम्प्यूटर प्रणाली में सक्रिय किये जाते हैं। इनके माध्यम से विण्डोज पर आधारित सभी प्रोग्रामों में हिन्दी भाषा का प्रयोग किया जा सकता है। हिन्दी में पुस्तक प्रकाशन इन्हीं मुद्राकृतियों के कारण कम्प्यूटरीकृत किया जा सका है। हिन्दी की कुछ प्रमुख मुद्राकृतियाँ नारद, श्रीलिपि, नई दिल्ली, पारस, शिवा, अर्जुन, चाणक्य आदि हैं जिनके कारण हिन्दी का कम्प्यूटरीकरण हो रहा है। किन्तु कम्प्यूटरों के हिन्दीकरण का अभी कोई सार्थक प्रयास नहीं हुआ है। इसके लिये हिन्दी में कम्प्यूटर परिचारण प्रणाली, अनुप्रयोगी प्रोग्राम तथा कम्प्यूटरी भाषाएँ विकसित किये जाने की आवश्यकता है।

कम्प्यूटरों के हिन्दीकरण में सबसे बड़ी बाधा देवनागरी लिपि के लगभग 200 संकेत तथा मात्रााएँ हैं जिनका सामान्य कुंजीपटल में समाना असंभव सा ही है। देवनागरी लिपि के लिये विशाल कुंजीपटल का निर्माण व्यवसायिक दृष्टि से सक्षम सिद्ध नहीं हो सकता। आवश्यकता इस बात की है कि देवनागरी लिपि को इसकी विशिष्टताएँ बनाये रखते हुए अंग्रेजी की तरह 52 संकेतों में सीमित किया जाये।

परिशिष्ट

कम्प्यूटरी संक्षेप-विस्तार

ABIOS	Advanced Basic Input Output System	अभ्याग्रित आधारभूत अन्तर्गतन बहिर्गतन प्रणाली
ACK	Acknowledgement	प्रतिज्ञाप
ADC	Analog-to-Digital Converter	अनुशस्त से अंकीय अनुवर्तक
AI	Artificial Intelligence	कृत्रिम बोधत्व
ANSI	American National Standards Institute	अमेरिकन नेशनल स्टैण्डर्ड्स इन्स्टीट्यूट
API	Application Program Interface	उपादयन कमशय अन्तरप्राक्ष
ASCII	American Standard Code for Information. Interchange	सूचना प्रत्यावर्तन का अमेरिकी मानक संहिता
AT	Advanced Technology	अभ्याग्रित विद्याशास्त्र
BASIC	Beginner's All-purpose Symbolic Instruction Code	नवशिक्षुओं हेतु बहूउद्देश्यीय सांकेतिक संहिता
BAT	Batch	समूह
BBS	Bulletin Board System	सूचनासार पटल प्रणाली
BCD	Binary-Coded Decimal	द्विअंकी–संहित दशमलवीय संख्या
BIOS	Basic Input/Output System	आधारी अन्तर्गतन/बहिर्गतन प्रणाली
BIT	Binary Digit	द्विंक
BPI	Bits Per Inch	द्विंक प्रति इंच
BPS	Bits Per Second	द्विंक प्रति सैकण्ड
C	C	सी
C++	C-double-plus	सी++
CAD	Computer Aided Design	संपादयित्र उपचारित अभिकेतन
CASE	Computer Aided Software Engineering	संपादयित्र उपचारित परावस्तु अभियान्त्रिकी
CCD	Charge Coupled Device	धूर्ज–युग्मित उपचय
CD	Compact Diskette	संपुट चकती
CD-I	Compact Disk-Interactive	संपुट चकती–अन्तरकर्म्य

CD-ROM	Compact Disk Read-Only Memory	संपुट चकती–मात्र–पठन स्मृति
CGA	Color/Graphics Adapter	रंग/संचित्र अनुकूलक
CGM	Computer Graphics Metafile	संपादयित्र संचित्र परिसंचिका
CHCP	Change Code Page	संहिता पृष्ठाक्ष परिवर्तन
CISC	Complex Instruction Set Computing	जुटिल विनिदेश समष्टि संपादयन
CLS	Clear Screen	स्वच्छ प्रदर्श
CMOS	Complementary Metal-Ooxide Semiconductor	संपूरक धातु–ऑक्साइड अर्धचालक
CMY	Cyan-Magenta-Yellow	नीलिम–जाम्ब–पीत
CMYK	Cyan-Magenta-Yellow-Black	नीलिम–जाम्ब–पीत–काला
COBOL	Common Business-Oriented Language	सामान्य व्यवसायोन्मुखी भाषा
CON	Console	संचारित्र
CPS	Character Per Second	चरित प्रति सैकण्ड
CPU	Central Processing Unit	केन्द्रीय संस्कारण एकक
CRT	Cathode-Ray Tube	ऋणाग्र किरण नलिका
DAC	Digital-to-Analog Converter	अंकीय से अनुशस्त अनुवर्तक
DASD	Direct Access Storage Device	ऋजु पैठ संगृहण उपचय
DBMS	Database Management System	आधरसंकुल सांगोपादन प्रणाली
DCE	Data Communication Equipment	आधर संचार समुपयुक्ति
DDE	Dynamic Data Exchange	गतिक आधर संवर्तन
DES	Data Encryption Standard	आधर छद्मकूटन अभीष्ट
DIF	Data Interchange Format	आधर अन्तरवर्तन स्वरूप
DIP	Dual-In-Line Package	दोहर पंक्ति आवेष्ट
DMA	Direct Memory Access	ऋजु स्मृति पैठ
DOS	Disk Operating System	चकती परिचारण प्रणाली
DP	Data Processing	आधर संस्कारण
DPI	Dots Per Inch	बिन्दु प्रति इन्च
DRAM	Dynamic Random Access Memory	गतिक स्मृति पटल
DSR	Data Set Ready	आधर समष्टि तत्पर
DTE	Data Terminal Equipment	आधर इत्यस्थ समुपयुक्ति

DTP	Desk Top Publishing	कम्प्यूटरीकृत प्रकाशन
DTR	Data Terminal Ready	आँधर इत्यस्थ तत्पर
DVI	Digital Video Interactive	अंकीय दृष्ट्य अन्तरकर्म्य
EBCDIC	Extended Binary-Coded-Decimal Interchange Code	अंकी–कूटित दशमलव अन्तरवर्तन संहिता
EEMS	Enhanced Expanded Memory Specification	संवर्धित विस्तारित स्मृति विशिष्टि
EEPROM	Electrically-Erasable Programmable ROM	वैद्युती–मार्जन्य कमशेय मात्र–पठनीय स्मृति
EGA	Enhanced Graphics Adapter	संवर्धित संचित्र अनुकूलक
EISA	Enhanced Industry-Standard Architecture	संवर्धित उद्योग–अभीष्ट आरचना
ELF	Extremely Low-Frequency Emission	अति न्यून–आवृत्ति उत्सृजन
EMM	Extended Memory Manager	अभिनित स्मृति सांगोपादयक
EMS	Expanded Memory Specification	विस्तारित स्मृति विशिष्टि
EOF	End Of File	संचिका इति
EOT	End Of Transmission	संप्रेषण इति
EPROM	Erasable Programmable Read-Only-Memory	मार्जन्य कमशेय मात्र–पठन स्मृति
EPS	Encapsulated Postscript	संवेष्टित पोस्टस्क्रिप्ट
FAT	File Allocation Table	संचिका नियतन तालिका
FDD	Floppy Disk Drive	अपनेयी चकती संचाली
FDDI	Fiber Distributed Data Interface	तन्तु वितरित आधर अन्तरप्राक्षन
FIFO	First-In, First-Oot	आगमन–कमित बहिर्गमन
FILO	First-In, Last-Out	आगमन–व्युत्क्रमित बहिर्गमन
G	Giga	गीगा 1 गीगा $=10^9$
GPIB	General Purpose Interface Bus	सार्वोद्‌देश्यीय अन्तरप्राक्ष संयुज्जी
GUI	Graphics User Interface	संचित्र उपयोक्ता अन्तरप्राक्ष
HDD	Hard Disk Drive	स्थायी चकती संचाली
HFS	Hierarchical File System	पदानुकमित संचिका प्रणाली
HMA	High Memory Area	उच्च स्मृति आक्षेत्र
HPFS	High Performance File System	उच्च निष्पत्ति संचिका प्रणाली
IAC	Inter-Application Communication	अन्तर–उपादयन संचार

IDE	Integrated Development Environment	संकलित विकास पर्यावरण
IDE	Integrated Drive Electronics	संकलित संचाली वैद्युत्यिकी
IPX	Internet Packet Exchange	इण्टरनेट संदेश संवर्तन
IRQ	Interrupt Request	निरूद्धि निवेदन
ISA	Industry Standard Architecture	उद्योग अभीष्ट आरचना
ISDN	Integrated Services Digital Network	संकलित सेवाएँ अंकीय संजाल
ISO	International Standards Organization	अन्तरराष्ट्रीय अभीष्ट संगठन
ISO/O	ISO/Open Systems Interconnection	आई एस ओ/मुक्त तन्त्र अन्तरसम्बन्धन व्यवस्था
I/O	Input/Output	अन्तर्गतन व बहिर्गतन
Kb	Kilobits	किलोद्विंक 1000 द्विंक
KB	KiloBytes	किलोबाइट 1000 बाइट
LAN	Local Area Network	स्थानीय आक्षेत्र संजाल
LCD	Liquid Crystal Display	द्रव कणक अभ्याक्ष
MAN	Metropolitan Area Network	नगरीय आक्षेत्र संजाल
Mb	Megabits	मैगा द्विंक १,०००,००० द्विंक
MB	MegaBytes	मैगाबाइट १,०००,००० बाइट
MCA	Micro Channel Architecture	माइक्रोचैनल आरचना
MIDI	Musical Instruments Digital Interface	संगीत अनुयन्त्र अंकीय अन्तरप्राक्ष
MIPS	Million Instructions Per Second	१,०००,००० विनिदेश प्रति सैकण्ड
MMU	Memory Management Unit	स्मृति सांगोपादयन एकक
MNP	Microcom Networking Protocol	माइक्रोकॉम संजालन प्रत्याचार
MPC	Multimedia Personal Computer	बहुमाध्यमी वैयक्ती संपादयित्र
NAK	Negative Acknowledged	नकारात्मक प्रतिज्ञाप
NFS	Network File System	संजाल संचिका प्रणाली
NIC	Network Interface Card	संजाल अन्तरप्राक्ष पत्रक
NLQ	Near Letter Quality	पत्र–कोटि निकट
NTFS	New Technology File System	नव विद्याशास्त्र संचिका प्रणाली
OCR	Optical Character Recognition	दृष्टीय चरित प्रतिमानन
OLE	Object Linking and Embedding	लक्ष्य लग्नन एवं आसन्नन

PC	Personal Computer	वैयक्ती कम्प्यूटर
PDA	Personal Digital Assistant	वैयक्ती अंकीय सहायक
PDL	Page Description Language	पृष्ठाक्ष विवर्णन भाषा
PDN	Public Data Network	सार्वजनिक आधर संजाल
PIF	Program Information File	क्रमशय आबोधन संचिका
PIM	Personal Information Manager	वैयक्ती सूचना सांगोपादयन
PMS	Pantone Matching Ssystem	रंगसंगृह समरूपण प्रणाली
PMMU	Paged Memory Management Unit	पृष्ठाक्षीय स्मृति सांगोपादयन्त एकक
POST	Power-On Self-Test	शक्ति–प्राप्तेव स्वपरीक्षण
PRN	Printer	मुद्रक
PROM	Programmable Read-Only Memory	क्रमशेय मात्र–पठनीय स्मृति
RAID	Redundant Array of Inexpensive Disks	सस्ती चकतियों का अतिरिक्त व्यूह
RAM	Random Access Memory	स्मृतिपटल
REM	Remark	टिप्पणी
REN	Rename	पुनर्नामन
REXX	Restructured Extended Executor	पुनर्संरचित अनुचयित कार्यपाल
RGB	Red-Green-Blue	लाल–हरा–नीला
RIFF	Resource Interchange File Format	संसाधन अन्तरवर्तन संचिका स्वरूप
RISC	Reduced Instruction Set Computer	अवपादित विनिदेश समष्टि सम्पादयित्र
ROM	Read-Only Memory	मात्र–पठनीय स्मृति
RSI	Repetitive Strain Injury	पुनरावृत्तित विद्रूप आहति
RTF	Rich Text Format	समृद्ध पाठ्य प्रारूप
RTS	Request To Send	प्रेषण निवेदन
SAA	Systems Application Architecture	तन्त्र उपादयन आरचना
SIMM	Single-Inline Memory Module	एकल पंक्ति स्मृति सुखण्ड
SIP	Single-Inline Package	एकल पंक्ति आविष्ट
SMPS	Switch-Mode Power Supply	संवर्त–विधा शक्ति प्रदाय
SRAM	Static Random Access Memory	स्थैतिक स्मृतिपटल
SYS	System	तन्त्र, प्रणाली

TB	Tera Byte	10^{12} बाइट
TIFF	Tagged Image File Format	नत्थित छबि संचिका प्रारूप
TPI	Tracks Per Inch	लीक प्रति इन्च
TSR	Terminate and Stay Resident Program	अभीति आवासी क्रमशय
UAE	Unrecoverable Application Error	अनुद्धार्य उपादयन त्रुटि
UART	Universal Asynchronous Receiver/Transmitter	विश्वीय असमकमी प्रापक/प्रेषक
UMB	Upper Memory Block	उपरि स्मृति गुट
USRT	Universal Synchronous Receiver/Transmitter	विश्वीय समकमी प्रापक/प्रेषक
UPS	Uninterrupted Power Supply	अनिरूद्धित शक्ति प्रदाय
VDM	Virtual DOS Machine	आभासी डॉस यन्त्र
VDT/U	Video Display Terminal/Unit	दृष्ट्य अभ्याक्ष इत्यस्थ/इकाई
VGA	Video Graphics Array	दृष्ट्य संचित्र व्यूह
VSAT	Very Small Aperture Terminal	अति लघु रन्ध्र इत्यस्थ
WAN	Wide Area Network	वृहत् आक्षेत्र संजाल
WYSIWYG	What You See Is What You Get	जैसा देखा वैसा पाया
XMS	Extended Memory Specification	अगिनित स्मृति विशिष्टि

विषय अनुक्रमिका

अथवा 25, 27
अन्तर्गतन युक्ति 22
अन्तिम चकती संचाली 39
अन्वीक्षा क्रिया..अन्वीक्षान्त 60
अनुकलन 19
आधर 44
आधर प्रतिसार 55
आधर संरचना 44
इनपुट अधिदेश 56
इनवर्टर 24
इनवर्स 27
ईएमएम386.ईएक्सई 38
ईको 42
उत्पादन सांगोपादन 36
उपप्रोग्राम 52
उपयोक्ता अन्तरप्राक्ष 56
उपयोक्ता प्रोग्राम 21
उपादान 21
उपादयन प्रोग्राम 18, 22
एएससी 58
एक्सैप्ट अधिदेश 56
एण्ड 26
एन्वायरॉनामेण्टल वैरियेबिल 41, 42
और 25
ऑटोएक्जीक.बैट 40
क्लीअरस्क्रीन 41
कनफिग.सिस 37
कन्फिगरेशन 37
कम्प्यूटर और हिन्दी 61
कम्प्यूटर-एडिड मैन्युफैक्चरिंग 36
कम्प्यूटर-एडिड मैनेजमेण्ट 35
कम्प्यूटर-उपचारित सांगोत्पादन 36
कम्प्यूटर-उपचारित सांगोपादन 33
कम्प्लीमेण्टरी 26
कमाण्ड प्रोसैसर 19
कर्त्यन 53, 58
करामाती प्रोग्राम 48
कुंजीपटल 22
कैटालॉग 47
कैटालॉग मैनेजर 47
कैम 35
चट्टों 39
चरित 49
जबतक क्रिया.....अन्त 59
ट्रुथ टेबिल 23
टिप्पणी 41
टेबिल 44, 47, 48
टेबिल विजार्ड 48
टैम्प 41
डिलिमिटर्स 52
डिवाइस 38
डेटम 44
डेटा रिकॉर्ड 55
डेटा स्ट्रक्चर 44
डेटा संस्कारण 33
तथा 26, 27
तालिका 44, 47
द्वार 24
दिनांक 49
नम्य सांगोत्पादन प्रणाली 36
नातथा 28
नाथवा 27
निर्णणात्मक अधिदेश 57
नैण्ड 28
नौर 27
प्रकाशन व्यवसाय 31
प्रतिध्वनि 42
प्रतिपत्ति 32
प्रतिसार 44
प्रतीक्ष क्रिया ..... प्रतीक्ष अन्त 58
प्रोग्राम 30, 52
प्रोसीजर 52
प्रोसीजर लाइब्रेरी 53
पर्यावरणीय चर 42
परिचारण प्रणाली 18, 19
पाथ 41
पाश क्रियाएँ 59
पुस्तकालय सांगोपादन 35
फ्लैक्सिबिल मैन्युफैक्चरिंग सिस्टम 36
फंक्शन 53
फाइल 53
फाइल कण्ट्रोल ब्लॉक 39
फॉक्सप्रो 45
फील्ड 45
बफर 24
बाइनरी प्रतीक 19
बूलीय बीजगणित 28
बैच प्रोग्राम 22
भाषा प्रोग्राम 21, 22
मनोरंजन व खेल 32
मेन्यू बार 47
मेमोरी वैरियेबिल 51
मौसम 31
मौसम पूर्वानुमान 31
यदि.....तब....अन्यथा...... यद्यान्त 56
यूजर इण्टरफेस 56
रिकॉर्ड 44
रिजोल्यूशन 22
रिमार्क 41
लॉजिक गेट 23
लिस्ट 44
लेखांकन 32
व्यवसाय सांगोपादन 35
व्युत्क्रमित्र 24
विजार्ड 48
विमर्यादकों 52
विवर्त 27
वेट अधिदेश 56
वैज्ञानिक शोध एवं विकास 32
शास्त्र कपाट 23, 24
स्टैक्स 39
स्टोर 51
स्मृति चर 51
स्वच्छप्रदर्श 41
सत्य-तालिका 23

संचिका 22
संचिका अधिदेश 53
संदेश वाहक 32
संविधि 52
संनिधि कोश 53
सम्पूरक 26
अनुरूपण 37
सांख्यिक 49
सॉफ्टवेयर 18
कक्षाशस्ति 47
सूचना संचार 33
सूचना संगृह 34
सूची 44
सैट 41
हाइमेम.सिस 38
हार्डवेयर 18
क्षेत्र 45

ANSI.SYS 39
AUTOEXEC.BAT 40
BUFFER 38
CLS 41
CONFIG.SYS 37
DATA FILE STRUCTURES 61
DEVICE 38
DEVICEHIGH 39
DO CASE....... .END CASE 58
DO WHILE..... ENDDO 59
ECHO 42
EMM386.EXE 38
FCBS 39
FILES 38
HIMEM.SYS 39
IF...THEN....ELSE.....ENDIF 57
LASTDRIVE 39
LOOPING ACTIONS 59
PATH 40
RAMDRIVE.SYS 40
REM 41
SET TEMP 41
STACKS 39

अभ्रप्रुषो न वाचा प्रुषा वसु हविष्मन्तो न यज्ञा विजानुषः ।
सुमारुतं न ब्रह्माणमर्हसे गणमस्तोष्येषां न शोभसे ।।

जिसप्रकार भोर का प्रकाश उषा का द्योतक होता है, आहुति से यज्ञ का विज्ञान उदित होता है, वायु ब्रह्म का प्रतीक है, अतः मनुष्य की शोभा उसका विनयभाव है।

ऋग्वेद, 10-77-1